바람 부는 날의 산조

현 대 수 필 가 1 0 0 인 선 · 37

바람 부는 날의 산조

최 운 수필선

좋은수필사

수필은 누구나 부담 없이 읽고, 마음만 먹으면 직접 쓸 수도 있는 가장 친근한 문학이다. 다른 영역의 문학이 영상매체에 밀려 신음하고 있는 중에도 수필 인구만은 날로 증가하여 바야흐로 수필 전성시대를 구가하고 있는 이유도 거기에 있을 것이다.

시대적 추세에 힘입어 수많은 수필전문지, 수필동인지가 창간되고, 이에 비례하여 신진 수필가도 날로 늘어나다 보니 이제는 그 많은 작가, 그 많은 작품 중에서 문학성 높은 작품을 가려 읽는 일이 쉽지 않게 되었다. 이런 현상은 작가에게나 독자에게나 결코 바람직한 일이 아니다. 더 나아가서는 수필을 연구하는 후세들에게도 큰 부담이 될 것이다.

이런 문제를 해결하는 데는 출판인도 마땅히 한몫을 감당해야 한다는 평소의 소신에 따라, 본사가 기꺼이 그 역할을 맡기로 했다. 그 첫 번째 사업으로 시대를 대표할 만한 수필가 100인을 선정하고, 작가가 자선한 40편 내외의 작품을 수록한 문고본을 발간하여 이를 널리 보급함으로써 그 소임을 다하고자 한다.

본사는 사명감을 가지고 이 사업을 추진해 나가기로 했다. 작가 선정을 전담할 편집위원회를 구성하고 전권을 위임하여 일체의 사적인 정실이나 청탁을 배제함으로써 전문성과 공

정성을 확보해 나갈 것이다.

따라서 이 기획물 속에는 작가의 문학정신뿐만 아니라, 본사의 문학사적 기여 의지와 편집위원 제위의 수필문학에 대한 애정과 문인으로서의 양심이 함께 담겨 있음을 자부한다. 다만, 작가를 선정하는 기준에는 많은 견해의 차이가 있을 수 있고, 선정 과정에서도 미처 챙기지 못한 부분이 있을 것이라는 사실만은 인정하지 않을 수 없다. 이 점에 대해서는 관계자 여러분의 양해 있으시기 바란다.

이 시리즈의 발간 순서는 작가, 또는 본사의 사정에 의한 것일 뿐 그 밖의 어떤 기준도 적용하지 않았음을 밝힌다.

본 기획물이 시대를 초월한 많은 수필 애호가들의 관심과 애정 속에 우리나라 수필문학 발전에 한 이정표가 되기를 바랄 뿐이다.

2009년 4월

좋은수필 발행인 서 정 환

현대수필가 100인선 간행 편집위원 박 재 식 최 병 호

정 진 권 강 호 형

변 해 명

1_부

사진을 보며 · 12
구불출이의 여름 일기 · 16
말비나스 차를리 · 21
장화 · 27
노오란 가을 · 32
돌멩이 · 37
바람 부는 날의 산조 · 42
사람들 사이에 길이 있다 · 46
까라보보의 참나무 · 50
유사유배기 · 55

2_부

금자동아 은자동아 · 66
딸과 며느리 · 70
산아 산아 문학산아 · 74
아버지, 그들은 누구인가 · 80
어머니날의 사모곡 · 84
우진이 · 88
유초신지곡 · 94
주변머리 없는 남자 · 98
콩나물국을 먹다가 · 103
두려운 마음으로 · 107

3_부

백구 이야기 · 112
부룩송아지들의 울음 · 117
산책의 기쁨 · 122
새벽의 소리 · 126
아름다운 오후 · 130
오래된 사전 · 134
장미꽃 버스 · 138
제왕의 고민 · 142
한여름의 횡재 · 146

4_부

깜뽀의 아침은 느리게 열린다 · 152
봄 같지 않은 봄 · 156
봄을 기다리며 · 160
얼음산 관광 · 164
적당주의와 마무리 정신 · 169
집을 짓는 사람 · 173
청순한 신앙을 그리며 · 177
카멜레온 · 180
패자부활전의 선수들 · 183

1부

사진을 보며

구불출이의 여름 일기

말비나스 차를리

장화

노오란 가을

돌멩이

바람 부는 날의 삭조

사람들 사이에 길이 있다

까라보보의 참나무

유사유배기

사진을 보며

사진을 본다.

약간 머리를 숙이고 있는 늘그막의 한 남자. 나이에 걸맞는 고담枯淡한 분위기나 중후한 기품은 풍기지 않는다. 무슨 생각에 잠긴 듯한 표정이지만 속내는 모르겠다. 뚜렷한 것은 성긴 머리칼과 주름진 살갗뿐이다.

개마고원이 되어버렸을 정수리께는 잘린 인화지 자투리에 묻어나간 것 같고, 귓바퀴 주위의 서릿발은 명암의 영향인 듯 본색이 감춰져 있다.

가까이 보니 풀 포기 하나 안 보이는 거친 사막이다. 빗방울 구경을 못한 지 수삼 년은 족히 되었을 황무지 같기도 하다. 당장이라도 세찬 돌개바람이 한바탕 흙먼지를 일으킬 것만 같은 기분 나쁜 적막감마저 느껴진다. 일교차가 극심한 어느 행성의 거죽이라도 되겠다.

왠지 연민이 솟는다. 청청했던 젊음과 뜨겁던 정열이 어찌 없었으랴만, 이제는 이목구비조차 풀기를 잃어 보기에 딱하다. 기화요초琪花瑤草 만발하고, 청산녹수靑山綠水 넘쳐나던 낙원은 어드메뇨.

사진을 본다.

얽힌 사연도 많고, 부대낀 아픔도 적지 않았겠다.

눈꺼풀 속으로 빨려들어간 그 많은 만남과, 주름 사이로 파묻힌 그 숱한 이별의 의미를 얼마나 소중히 간직하고 있을까가 궁금하다.

인생을 궁구窮究하며 어떤 고뇌를 했느냐, 영혼을 사랑하며 무슨 다짐을 했느냐, 아니, 그것이 너무 벅차다면 자신을 돌아보며 얼마나 회개했느냐, 이웃을 생각하며 무엇을 기도했느냐, 고개 숙인 사내는 묵묵부답이다.

자세히 눈여겨본다. 야들야들하고 보동보동한 얼굴이 희끄무레 배어나온다. 동네방네 큰애기들 업어주고 안아주고 뽀뽀깨나 해냈겠다. 여드름이 돋아날 땐 가시네만 힐끗대다 단잠 한 번 못 잤겠다.

삼십에도 총각이요, 사십에도 동안童顔소리, 이 입 저 입 겉추김에 분수없이 들떴겠다. 얼씨구 절씨구, 허송세월에 애꿎은 도끼자루만 썩었겠구나.

사진을 본다.

〈생각하는 사람〉 닮았다고, 고독해 보인다고 자못 고상한 품평을 내린 이들이 있음을 안다. 둘 다 그냥 해본 소리였을 것이다.

두레박을 깊숙이 내려 맑고 차고 정결한 사유의 생수를 길어 올린다기에는 너무 세속적 잡념에 찌든 상판이고, 세파와 인총 속에서 처절한 고독을 침묵으로 반추한다기에는 무척 속물스러운 낯가죽임을 예민한 그들의 눈이 어찌 몰랐겠는가.

숨어있는 송곳 끝이 날카롭다. '저 놈의 성깔머리…' 어쩌고 하는 소리를 많이 들을 것 같다. 참지 못하는 성격도 먹물처럼 내비친다. 번갯불에 콩 구워 먹을 작자. 제 털 뽑아 제 구멍에 꽂는 위인. 꽁하기는 여북 잘할라구. 그러니 푸근한 정이 어찌 있을 것이며, 어느 하가에 손인들 한 번 크게 써 봤겠는가. 고린도전서 13장하고는 아예 척을 지고 사는 몰골이 아닌가.

사진을 본다.

사십 줄에 들어서면 제 얼굴에 책임을 질 줄 알아야 한다고 말한, 얼굴이 말처럼 생긴 링컨이 생각난다. 링컨보다는 잘 생겼다는 자만 때문인가, 육십이 다 되도록 제 얼굴에 책임은커녕 사리私利에 빠르고, 변신에 능할 면상이다. 얼굴은 마음의 거울이라 하지 않던가.

무리에 끼어 공원바람을 쐬고 온 것은 영산홍의 유혹도 은근했거니와, 같은 물에서 노는 연고로 허물이 묽어진 지우들의 성화가 전에 없이 야단스러웠던 탓이다. 몇 시간의 그 붉디붉은 타오름이 버거워 신열이 되던 어느 날, 내 손에 쥐어진 한 장의 사진에 나는 크게 실망했다. 이유는 단 하나, 어느새 내 얼굴이 이렇게 변했는가 해서였다.

그러나 다시 사진을 보고 있는 이 순간, 나는 '돌아와 거울 앞에 선 누님'처럼 앞섶을 여민다. 조용히 실망을 거두고, 가만히 눈을 감는다. 어찌 입을 벌려야만 기도이며, 어찌 무릎을 꿇어야만 회개일까 보냐.

살아온 세월보다 앞으로 살아야 할 시간이 짧다 하더라도, 그것이 내 몫으로 남아 있다는 사실로 인하여 나의 신에게 묵언의 감사를 바친다.

영산홍 떨기를 비집고 희희낙락하던 분수라면, 낙조가 아름답다 얼마든지 노래하리라.

(1997)

구불출이의 여름 일기

며칠 전, 어느 모임에서였다. 옆에 앉은 분이 악수를 청하면서 “최선생도 나처럼 구불출九不出이시군요.” 하는 것이다. 처음에는 의아했지만, 한때 아르헨티나 교민사회에 세태 풍자적 우스갯소리로 떠돌던 팔불출 얘기를 상기시키며, 이제는 여름철에 바닷가에 못 다녀온 사람을 더 보태 구불출이라 한다는 설명을 다 듣고 나서야 그럴 법하다고 고개를 끄덕였다. 팔불출은 옷 재단 못 해본 사람, 옷 도매가게 못 열어 본 사람, 한국 못 다녀온 사람, 이민 초청장 장사 못 해본 사람, 미국 이민 신청 못하고 있는 사람, 계 ‘오야’ 못 해본 사람, 단체에 회장 감투 못 써 본 사람, 교회의 집사 직분 못 받은 사람들이다. 둘러보니 아닌게아니라 구분이 되었다. 피서를 다녀온 사람들의 얼굴은 허물이 벗겨질 정도로 검게 타 있어 여유와 건강이 한결 돋보였던 것이다.

오늘은 그 신종 구불출이가 온 하루를 혼자 벌레처럼 뒹굴며 한 권 서책을 조용히 뒤적일 수 있는 과분한 자유를 얻었다. 거실 바닥에 자리를 깐다. 훌훌 옷을 벗어 던지고 반바지 차림으로 벌렁 누워 손에 집어든 것은 근원近園의 수필집이다.

교민사회의 기숙 L선생이 아니면 나는 근원 김용준金瑢俊을 모르고 지낼 뻔했다. 지난 해 봄 어느 날이다. 아직도 문학에의 정열이 젊은이보다 더 뜨거운 L선생은 작품이 해금된 화가이자 수필가인 근원을 그의 비범한 예술세계와 함께 불행했던 시대 배경을 곁들여 상세히 들려주셨다. 왜정 말과 해방 공간기에 활약하다가 6 · 25때 월북했다는 사실도 처음 들었다.

그리고 며칠 후, 손수 빌려주신 문고판 ≪근원수필≫을 허기진 사람 밥 퍼먹듯이 단숨에 읽고는 집에 아이들까지 돌려 읽게 하였다. 확실히 요즘의 수필과는 맛과 격조가 달랐다. 선비적 통찰력과 한학에의 조예는 미술과 문학의 영역을 거침없이 넘나든 검박한 문체 속에 맘껏 녹아들어, 가히 묵향 배어나고 매향 그윽한 문장을 이루어내고 있었다. 그것은 후생이 보는 한 시대 한 거장의 사군자요, 고풍 가구요, 백자 화병이었다.

정초에는 한국일보 아르헨티나 지사에서 '1995년 도서 시장'이 열렸다. 사전이나 한 권 사려고 들렀던 매장에서 ≪풍진세월 예술에 살며≫라는 낯선 책이 눈을 끌었다. 그것은 놀랍게도 ≪근원수필≫의 또 다른 제목이었다. 이 무슨 횡재인가 싶어 급히 사 들고 온 책에는 문고판보다도 여러 편의 수필이 더 실렸고, 월전 장우성 화백의 '내가 마지막 본 근원'까지 첨부되어 있었다. 문고판에는 ≪근원수필≫을 발견한 시인 민영의 글이 퍽 감동적이더니, 월전의 글 또한 근원을 이해하는 데 좋은 길잡이였다.

이렇게 얻어진 근원의 수필에 다시 삼매된 대낮, 매미와 쓰르라미가 치솟은 기온을 못 이겨 열린 창문으로 쉰 목청을 쏟아 붙는다. 성량聲量으로 보아 집 앞, 잎 무성한 가로수 줄기에 매달린 것들의 소리가 분명하다. 그러나 지난 날 고국에서 듣던 그것과는 어딘지 다르다는 느낌이 든다. 순간, 여기가 아르헨티나니까 에스빠뇰로 울면 이렇게 들리겠지 생각을 하며 실소를 흘린다.

매미와 쓰르라미가 울면 벌써 가을의 문턱이다. 한국에서는 그랬다. 조석으로 찬 기운이 비치는 8월 하순에도 한낮은 염천이어서 매미와 쓰르라미는 지칠 줄 모르고 울어댔다. 그 소리를 들으며 원두막에서 쳐다보던 하늘은 뭉게구름 너머로 아리도록 푸르고 서럽도록 멀었다. 개학날은 다가오고 밀린 숙제는 많아 눈만 껌벅이다가 말잠자리를 잡으며 집으로 가면, 어머니는 우물물 한 바가지로 등목을 시켜주셨다. 소름이 돋은 반 벌거숭이는 밥상을 받고, 텃밭에서 갓 뜯은 쓰디쓴 상추에 고추장을 바르고 꽁보리밥을 고봉으로 얹어 볼이 미어지도록 먹어 치웠다.

매미와 쓰르라미 소리는 책을 읽는데 조금도 방해를 주지 않는다. 희한한 일이나. 교민과 괴시가 없고, 복선과 가식이 없는 미물의 소리여서 그런가 보다. 허나 세상에는 남에게 방해를 주는 만물의 영장 인간의 말이 얼마나 많은가.

근원은 잡다한 세속에서 저만치 떨어져 산 사람 같다. 들은 바는 없지만, 말이 많거나 말씨름에 능한 사람은 아니었지 싶다. 그의 수필을 읽으면 사상과 체제로 극한의 대립을 보이던 그 혼란의 시기에 왜 초연하지 못했을까 원망이 생긴다. 예술가가 홀로 고고하게 버틸 수 없었던 부끄러운 시대의 희생물이라고 쉽게 넘기기에는 너무 아까운 수필가였다.

책으로 다시 눈을 돌린다.

> 나는 구름같이 핀 매화 앞에 단정히 앉아 행여나 풍겨오는 암향을 다칠세라 호흡도 가다듬어 쉬면서 격동하는 심장을 가라앉히기에 힘을 씁니다. 그는 앉은자리에서 나에게 곧 무슨 이야기인지 속삭이는 것 같습니다.
>
> (매화)

> 바다에는 느끼한 물비린내가 흘러온다. 바다에는 달이 떠 있다. 하늘에 뜬 달은 멍석만 하고 바다에 뜬 달은 함지박만 하다.
>
> (동해로 가던 날)

> 어리석고 눈치 없고 꼴에 서로 싸우기 잘하는 놈! 귀엽게 보면 재미나고, 어리석게 보면 무척 동정이 가고, 밉살스럽게 보면 가증하기 짝이 없는 놈! 게는 확실히 좋은 화제다.
>
> (게)

수필을 읽다가 하품을 하고, 깜빡 잠이 들다가 또 책을 펴고…, 가만히 누워 매화를 감상하던 눈으로 바다와 달에 취했다가 게까지 데리고 놀았으니 이보다 더 좋은 피서가 어디 있을까.

미풍이 인다. 가로수 그늘이 창을 기웃거린다.

매미와 쓰르라미의 화음 속에서 근원에게 감빨렸던 구불출이의 하루는 기울고, 부에노스 아이레스의 여름 열기는 오늘도 서서히 식어가고 있다.

(1995)

말비나스 차를리

말비나스 차를리.

우리 가족은 그 남자 이름 앞에 말비나스(포크랜드)를 붙여 이렇게 불렀다. 아마도 손님 중 누군가가 그의 이름을 일러준 것 같다. 이름뿐 아니라 말비나스 전쟁 참전 군인이요, 전쟁 후에 술 취한 그의 모습이 거리에 나타나기 시작했다는 사실까지도.

귀띔 그대로 차를리는 알코올 중독자였다. 매일 오전 비틀거리며 우리 가게 앞을 지나 어디로 인지 갔다가 해거름에는 어김없이 흐느적거리며 왔던 방향으로 되돌아갔다.

그는 아침에도 고주, 저녁에도 억병이었지만, 결코 주정을 부리거나 행패를 놓지는 않았다. 간혹 남에게 말을 붙여도 험오스러운 언행은 절대로 내비치지 않는, 어떻게 보면 순진하기 짝이 없는 주정뱅이였다.

그래도 그는 기피인물이었다. 많은 사람들의 지인이면서도 곁을 받지 못했고, 매일 거리를 오고가도 말동무는 없었다. 취하여 걷다가 힘이 부치면 아무데서나 앉아 졸고, 다시 일어나 묵묵히 제 길만을 가는, 그래서 흔히 길거리의 병든 견족犬族에 비유되는 수모를 받기도 했던 것이다.

그가 우리 가게에 들어온 것은 서로간의 안면이 익은 후였다. 기겁을 하는 종업원 로레나 옆을 지나 내게로 오더니, 역스러운 술내를 풍기며 혀 꼬부라진 소리로 몇 마디를 던지고는 휙 나가버리는 것이었다. 넘어질 듯 문 밖으로 나가던 그의 해진 옷자락에 자르르 흐르고 있던 땟국은 지금도 눈에 선하다.

로레나의 설명으로는 '옷 도둑을 조심하라.' 이르더라는 것이다. 기실, 손님을 가장한 옷 도둑은 소매가게마다 골칫거리였다. 그날 여기저기를 뒤져 말비나스를 알아보았다.

> 아르헨티나 땅에서 약 500킬로미터 떨어져 있는 섬. 현재 영국이 점령하고 자국령이라 주장하는 분쟁지역, 비 바람 심하고 거친 날씨 많음. 1982년 4월 2일 아르헨티나 군사정부가 무력으로 탈환 시도, 6월 14일 영국에 항복, 유엔의 무능이 증명된 전쟁, 사상자 영국 452명, 아르헨티나 630명.

이 630명 중에 차를리가 들어있을 리는 없다. 사상자는 아니니까. 그렇다면 차를리는 왜 음주인생이 되었는가.

나의 관심이 사뭇 동정으로 바뀌어가는 동안, 그의 몰골은 점점 오가리든 호박잎처럼 찌들어 갔고, 기껏해야 삼십 중반일 젊은이가 오십을 바라보는 나이쯤으로 겉늙어 보였다.

비틀거림은 더욱 심해지고, 앉아서 조는 횟수도 부쩍 늘어, 그가 멀쩡한 사나이로 변하는 것을 기대하기란 무망無望한 일이라는 생각을 굳힐 수밖에 없었다.

그 사이 우리 가게 앞 거리에는 여름이 지글지글 끓다가, 선들거리는 가을로 식더니, 음울한 잿빛 겨울이 차가운 그림자를 드리우기 시작했다. 차를리의 모습이 안 보임을 알게 된 것은 그 겨울이 고비를 넘고, 성급한 손님이 얇은 스웨터를 찾을 무렵이었다.

로레나에게 차를리를 물었다. 들은 소문이 없다고 했다. 매일 우리 가게 옆을 터잡고 있는 손수레 꽃장수에게 다시 물었다. 그는 두 손바닥이 하늘을 보도록 벌리더니 어깨를 으쓱 치켜 올렸다. 그리고는 다문 입술을 비쭉 내밀었다. 나는 그의 판토마임이 "노 쎄(몰라요)."라는 의미임을 금세 알아차렸다.

나와 우리 가족들은 묘연해진 차를리의 행방을 화제로 삼다가 드디어 이렇게 결론을 도출해냈다. 죽었을지도 모른다. 죽었을 것이다. 차를리는 분명 죽었다.

그가 없어도 우리 가게 앞 거리는 여전히 개인 날이면 햇볕 들고, 궂은 날이면 비바람쳤다. 녹슨 고물차는 번호판도 안 단

채 덜덜거리며 잘도 달렸고, 가죽 안대를 두른 비쩍 마른 마공馬公은 폐품을 찾는 주인을 도와 게으름 없이 따까닥 따까닥 발굽을 울렸다. 어느새 밝고 환한 12월이 웅성웅성 거리로 찾아들었다.

라 논나는 우리 가게 건너편 모퉁이에 있는 닭고기 도매상이다. 해마다 크리스마스와 연말이 다가오면 주변 빈민들이 닭고기를 사려고 줄을 서는 진풍경의 가게다. 그 해 섣달에도 중순을 넘자 그 집은 손님으로 북적거리기 시작했다.

크리스마스가 며칠 안 남은 어느 날 오후, 짬짬이 그 집을 건너다보던 로레나가 느닷없이 소리를 쳐대는 것이다.

"차를리다!"

그러나 차를리는 안 보였다. 술꾼 차를리는 아무리 찾아도 보이지 않았다. 로레나의 손끝이 가리키는 곳에는 머리를 빡빡 깎고, 작업용 앞치마를 두른 낯선 젊은이가 사람들 사이를 비집으며 닭고기 상자를 나르느라 바삐 움직이고 있을 뿐이었다. 놀랍게도 그 젊은이가 차를리였다.

차를리는 부활했다. 닭고기 도매상 종업원으로 다시 태어났다. 그는 분명 죽었다가 살아 돌아온 사람이다. 나는 그렇게 믿고 싶었다.

인파가 사라진 밤시간, 나는 그가 고무비를 들고 열심히 바닥 청소하는 것을 보았다. 이튿날 아침, 주인이 도착하기를 기다리며 가게 문 앞에 얌전히 서있는 모습도 보았다.

그는 전날의 말비나스 차를리가 아님을 매일매일 확인시켜 주었다. 그가 어디에 있다가 나시 나디났는지, 또 어떻게 새사람이 되었는지 나는 알려고 하지 않았다. 전쟁은 인간을 폐인으로 만들어도 사회에는 그 폐인을 회생시키는 힘이 어느 구석에든 남아 있다는 사실에 감격할 뿐이었다.

우리가 그곳 산 호세의 가게를 넘긴 것은 새해가 밝고 얼마 안 되어서이다. 떠나온 지 벌써 8년으로 접어든다. 그곳은 많은 의미를 준 고장으로 뇌리에 생생히 남아 있다.

재이민 첫 기착지요, 일생에 장사를 처음 시작한 곳이요, 가난한 아르헨티나 사람들을 격의 없이 만난 곳이기 때문이다.

1뻬소짜리 장미 한 송이를 사 들고 와 천 뻬소어치도 더 넘을 뜨거운 포옹을 내 딸에게 해대던 올라 아주머니. 세무장이나 좀도둑이 나타나기만 하면 우리 가게에 먼저 찾아와 조심하라고 눈짓하던 옆 가게 대머리 영감. 다음 주에는 무슨 날이 끼었고, 반나절만 문을 여는 날은 언제이고를 미리미리 알려주던 세시歲時풍습의 박사인 손수레 꽃장수. 너희 한국 사람들은 무척 부지런하다고 칭찬을 아끼지 않던 초등학교 뚱뚱보 여선생님. 좀더 벌어서 시집가겠다고 미움 실 일 피해가며 열심히 일하던 종업원 로레나. 그리고 로레나를 아침 저녁 데려오고 데려가던 그녀의 성실한 노비오(남자애인) 다니엘….

그러나 나는 그곳을 생각하면 제일 먼저 차를리가 떠오른다. 빡빡 머리와 작업용 앞치마와 길다란 자루의 고무비가 눈에 뜨인다. 비틀거리는 알코올중독자 말비나스 차를리가 아닌 당당한 직업인 차를리가 어른거리는 것이다.

우리 가족이 몇 해 고생은 했을지라도, 돌아온 차를리로 인하여 소망있는 마을로 추억되는 바리오 산 호세.

한 번 가보고 싶다.

(2002)

장화

나는 지금 아파트에 살고 있다. 이후에 만일 단독주택으로 이사를 하게 된다면 장화를 한 켤레 장만할까 한다. 아르헨티노들처럼 현관 앞 인도를 물로 청소하고 싶고, 그때 구두나 운동화 대신 장화를 신어야겠다는 생각에서이다. 그걸 신고 있으면 호스로 빠져나오는 물에 발이 젖을까 옷이 젖을까 걱정을 안 해도 될 것이고, 물바닥을 잘박거리는 동안만이라도 소년의 기분을 맛볼 수 있지 않겠는가.

상상만으로도 마음은 벌써 소년이다. 호스에서는 콸콸 물이 나오고, 발에는 장화까지 신었는데, 때는 바야흐로 가로수 새잎이 연두색으로 봉싯거리는 양춘가절 호시절이다. 조금쯤 악동이 된들 어떠랴.

3분 안에 분명 세 명의 아가씨가 우리 집 앞을 지나갈 것이다. 나는 호스를 손에 든 채 물을 튀기며 비키지 않고 있다가, 아가씨가 멈칫거리면 그때 비로소 "빼르돈 (미안합니다). 빼르돈." 하며 무척 미안하다는 시늉을 지어 보이겠다.

여자는 속아 살게 마련이라는 말이 있다. 아르헨티나 여자들이라고 예외일 수 있겠는가. 키는 짤막하지만 예의만은 깍듯한 동양 신사인 줄로 알고 얼른 "에스따 비엔(괜찮아요)." 할 것이다. 깊고 검은 눈동자, 윤곽이 뚜렷한 콧날, 고르고 예쁜 치열이 어우러 빚어내는 서글서글한 미소의 파문! 더도 말고 한 모금씩만 훔쳐다가 가슴속 세월의 더께를 씻어내기만 하면 내 음모는 끝난다. 공은 물론 장화의 몫이다.

요즘은 장화가 눈에 잘 띄지 않는다. 비오는 거리에서 장화 신은 사람을 본 지가 언제인지 까마득하다. 거리를 청소하는 이들도 날이 궂거나 맑거나 한결같이 운동화 차림이다. 우리 아파트 관리인 까를로스가 장화 신고 물청소하는 모습을 나는 한 번도 못 보았다. 여염집 주부들도 마찬가지다. 물청소를 일과로 삼으면서도 더우면 슬리퍼를 꿸 뿐, 장화는 아예 모르는 사람들 같다. 이제 장화는 세차장이나 수산시장이나 도살장이 아니면 구경조차 어려운 세상이 된 듯하다. 지난날 짚신과 나막신의 퇴역을 지시했던 그 무형의 손가락이 이미 장화를 지목했는가 보다.

이민 와서 신기하게 여긴 것 중 하나가 아침이면 집집마다 호스를 늘여 놓고 현관 앞 인도를 물로 청소하는 모습이었다. 더욱 호기심을 일으킨 것은 그들이 신고 있는 고무장화였다. 그것으로 나는 부에노스 아이레스가 아주 순박한 도시라는 인식을 갖게 되었다. 그런데 그 물증이 사라져가고 있다, 이 도시를 위해서도 얼마나 섭섭한 일인가.

중학생 때 내게는 신주처럼 여기던 장화가 있었다. 비가 오는 날이나 해토 무렵은 말할 것도 없고, 한겨울이라도 수은주가 치솟으면 통학길 삼십 리는 곤죽으로 바뀌었기 때문이다. 그런데도 일단 날이 들거나 뽀송뽀송한 포장길에 올라서기만 하면 신주는 단박에 애물단지가 되어 나를 애먹였다. 발이 화끈거려 벗어 던지고 싶어도 바꿔 신을 신발이 없고, 설사 다른 신발로 바꿔 신는다 해도 흙 묻은 장화를 들고 다닐 방도는 더욱 없었다.

지금도 안타깝기만 하다. 장화는 왜 자신의 태생적 한계를 못 깨달았을까. 애물단지의 말로가 어떻다는 것을 왜 알아차리지 못했을까. 무엇보다 먼저 우산의 재빠른 처세술을 눈여겨보았어야 하는 것 아니었을까. 빗발을 막아 준답시고, 아무에게나 내밀한 부분까지 서슴없이 내보이는 짓거리는 낯뜨거워 차마 흉내낼 수 없었을지 모른다. 하지만 한껏 움츠린 몸뚱이를 주인의 손에 턱 맡겨 버리는 애첩 기질만이라도 눈 딱 감고 배워 두었더라면 오늘날 소박데기 신세는 면했을 것 아닌가 말이다.

장화는 바보다. 사람들은 눈비음에 약하고, 세상에는 미인계라는 말까지 있는 것을 미욱하게도 혼자만 모르는 셈이니 퇴물이 되어 밀려나는 것을 누구에게 하소연하겠는가.

그래도 나는 장화에 대한 애착을 포기할 수가 없다. 기상이변이 더러 일어나기는 하지만, 아직도 지구는 강우량으로 보전(保全)되는 땅덩어리일 뿐이다. 과학 만능 시대라 해도 로봇에게 물 일을 맡기는 것은 시기상조로 보아야 한다. 구두와 운동화가 제아무리 방수에 자신 있어 해도 고무장화를 이긴다는 것은 난센스에 불과한 일이다. 장화의 퇴장은 아직 이르다. 단역일 망정 역할이 있으니 계속 무대를 지켜 달라 애원하고 싶다.

서양에 이런 얘기가 있다. 주인이 외출을 서두르며 장화를 찾았다. 하인이 들고 나온 장화에는 어제 묻은 흙탕이 그대로 남아 있었다. 주인이 화를 내자 하인은 태연스럽게 이렇게 말했다.

"주인님, 장마가 아직 개지 않았습니다. 나가시면 다시 더러워질 텐데 애써 닦을 필요가 없지 않습니까? 어제도 아침에 잘 닦아 드렸더니 이 모양인뎁쇼."

그날 저녁이었다. 이제나저제나 저녁밥을 기다려도 아무 기별이 없자, 하인은 주인에게 영문을 물었다. 주인은 이렇게 대답하는 것이었다.

"자네는 먹고 나면 다시 배고플 테니까 아예 안 먹을 줄 알고 우리 식구끼리만 먹었다네."

"약빠른 고양이는 밤눈이 어둡다." 저녁을 굶고 누워서 하인은 혹시 이 비슷한 서양 속담을 생각하지는 않았을까.

여섯 살짜리 큰손자는 좀 맹랑한 구석이 있다. TV에 여자들이 나오면 할아버지는 누가 더 예뻐 보이냐고 다그쳐서 나를 당황스럽게 만드는 놈이다. 이런 픈수로 봐서 십여 년만 지나면 바짝 다가와 애인 고르는 비법을 은근히 물어올지도 모르겠다. 그때를 위하여 이런 답변을 준비해 놓을까 한다.

"비가 오시는 날 말이야. 쎈뜨로(중심가)에 나가설라므네 장화 신고 가는 치까(처녀)가 있거들랑 두 말 말고 찍어. 그러구설랑 냉큼 따라 붙으란 말야. 엔띠엔데스(알아듣겠니)?"

왜 그런지 장화를 신은 사람은 진국일 것만 같다. 여자라면 알뜰하면서도 포근할 테고, 남자라면 수더분하면서도 용기가 있겠다는 믿음이 간다.

(2003)

노오란 가을

아르헨티나의 5월은 가을의 맨 끝자락이다. 그런데도 날씨는 계속 여름 찜 쪄먹게 덥기만 하다. 팔리지 않는 겨울옷을 바라보며 일기예보에 신경을 곤두세운 지도 벌써 달포는 되나 보다. 오늘도 자식들 틈에서 종일 빈둥거릴 생각을 하니, 가게에 나갈 맘이 영 내키지 않는다. 에라, 꾀나 부리자. 이래서 알량한 가장의 서 푼짜리 권위를 내세워 뭉그적거리다 시계가 열한 점을 가리킬 때쯤 나는 현관을 나섰다.

웬일로 눈부신 색깔이 확 시야를 막는다. 길 건너 저만치에 나무 한 그루가 노오란 농염을 내뿜으며 나보란 듯 화사하게 서 있다. 추워지지 않는 날씨만 원망하며 금덩이라도 주울 것처럼 고개를 숙이고 드나드는 사이에, 청청했던 나무는 어느새 노오란 물이 듬뿍 들어버렸다. 보아하니 영락없는 은행나무다. 무서리가 내린 어느 해 가을날 오후, 전차를 타고 가 중앙청 앞에서 내렸다. 제법 감상에 젖어 노오란 은행나무의 별천지를 찾아간 것이다. 낙엽을 밟으며 시를 외었다. 창공을 쳐다보며 소녀를 그리워했다. 그날이 엊그제 같건만, 오늘 나는 부에노스 아이레스의 딱딱한 보도 위에 십수 년 타국살이로 백짓장처럼 얇아진 구두밑창에 몸을 얹고, 빛바랜 추억을 짓누르는 초로의 이민 1세로 서 있다.

아르헨티나는 꿈도 꾸지 않았다. 이민은 더더구나다. 그때 내가 알던 아르헨티나는 이름조차 '알젠친'이었고, 곧바로 땅을 파야만 나타난다는 아주 이상한 나라일 뿐이었다.

그 구둣발로 과일가게 앞을 지난다. 바나나, 나랑하, 만다리나가 노오랗다. 제철을 넘긴 멜론 몇 개가 아직도 노오란 식구들 틈에 끼어 있어 초라하다. 황인종 이민도 아르헨티노들 눈에는 저 꼴로 보일까 겁이 난다.

아버지는 참외대장이셨다. 청참외 · 개골참외도 잘 드셨지만, 노오란 배꼽참외는 꿀참외라 이르셨다, 생전에 이민을 오셨다면 실컷 드셨을 멜론의 쭈글쭈글한 표피가 모년暮年의 당신 얼굴을 너무 닮아서 슬프나.

소래기에 얹힌 송홧가루인가. 간이 꽃가게 국화 더미에 노오란 가을이 소복이 내려 있다. 덕수궁 국화전시회에서 사진을 찍던 신혼 부부. 낯모를 신부는 퍽 연상적이었지만, 곱기가 황국 저 윗길이어서 내 심장은 쿵쿵 뛰었다. 지금은 칠십 고개

할머니가 되었겠지….

지붕이 노오란 딱시(Taxi)가 간다. 노오란 중앙선을 따라서 간다. 학교 앞을 알리는 마름모꼴 표지판의 바탕이 노오랗다. 제복과 란도셀이 노오랗던 서울 ㄹ초등학교의 어린이들 못지 않게 귀염둥이로 커온 내 자식들이건만, 이국 시장통의 장사치 신세가 되어 오늘 아침에도 입이 찢어져라 선하품을 해대며 뛰어나간 모습이 두 발에 매달려 질질 끌려온다. 무쇠덩이 족쇄라도 이보다는 가볍겠다.

맥도날드의 이니셜 M이 중뿔나게 노오랗다. 로띠세리아[1) 유리창 안에서는 벌거벗은 통닭이 노오랗게 익어간다. 노오란 꽃 흐드러진 개나리 울타리, 노오란 햇병아리들 아침 볕 눈이 부셔 청을 빼고 삐악대면, 토종 어미 닭은 날개를 펴고 국국국 새끼들을 불러들였다. 삐악삐악 소리를 못들은 지 기십 년이다. 내 귀가 자주 이명으로 우는 것을 생존경쟁의 아귀다툼 탓이 아니란다면, 병아리 소리가 듣고 싶다는 사대육신의 전갈이리라.

덩치 큰 조개가 노오란 분칠을 하고 키 돋움으로 서서 지나가는 차들을 유혹한다. 쉘 주유소다. 분 바른 조개는 차들의 세계에도 역시 필요악인가. 유혹당하는 차들이 지루한 표정도 없이 차례 오기를 잘도 기다린다. 유혹이라면 남 말할 염의 없다. 이민 줄에 끼어 기약도 없는 때를 부지하세월로 기다리

---

1) 로띠세리아(Rotiseria): 음식을 만들어 놓고 가져갈 수 있도록 파는 가게

는 나야말로 유혹에 빠진 값을 톡톡히 치르고 있지 않은가.

노오란 머리의 젊은 엄마가 역시 노오란 머리의 댓 살배기 손목을 잡고 간판이 노오란 반꼬 리오[2]로 들어간다. 내가 대여섯 살 적이다. 어머니의 금니는 친구들에게 으스대는 내 자랑거리였다. 내가 금니를 보여달라 떼를 쓰면 어머니는 "아—."소리와 함께 입을 벌려 주셨다. 그 후, 숱한 세월이 흐르고 어머니는 이미 고인이 되셨지만, 어머니의 입김만은 아직도 나를 어리광 피우고 싶게 만드는 영약으로 남아 있다. 그 영약이 닿던 부위마다 어떤 아픔도 신통하게 사라졌음을 모르지 않으면서, 이민의 단내가 코끝에 그칠 날이 없는 이유를 다른 데서만 찾고 있으니 허방짚기는 아무래도 내 장기인가 보다.

노오란 신호등이 켜졌다가 얼른 빨강으로 바뀐다. 다시 노오랑 · 파랑 · 노오랑 · 빨강…. 서고 가는 일만 있는 네거리의 노오란 신호등이 지닌 기능을 나는 도무지 수용할 수가 없었다. 생과 사, 남과 북, 내 편과 네 편의 이분법적 논리로만 굳어진 의식 속에 그것은 오로지 도려내야 할 맹장이었다.

이민을 왔다. 여기도 이해되지 않는 모습은 많았다. 길을 물으면 왜 자기 일을 쉬면서까지 열심을 내서 알려주는지, 은행 문 앞에서 두어 시간씩 기다리면서도 왜 불평 불만을 한 마디도 안 하는지, 자동차끼리 접촉사고가 생겨도 왜 서로 웃고 헤어지는지, 한밤중에 왜 식당에 모여 앉아 시간 가는 줄

2) 반꼬 리오(Banco Rio) : 리오 은행.

모르며 도란도란 얘기의 꽃을 피우는지….

그것들이 모두 마음의 여유를 통해 그려진 행복의 그림들임을 깨닫기까지는 오랜 시간이 걸렸다. 지금 나는 그 여유가 염료화된 것을 보고 있는 것이다. 노오란 신호등은 잠깐이어서 오히려 영원하다는 느낌을 준다. 제 몫이 없음으로 더 큰 몫이 있어 보인다. 효용과 역할을 짐짓 숨기며 맹장을 달아놓은 조물주의 심오한 마음이 담겨있는 것만 같다. 극단의 포기와 자기의 양보, 인내의 표상과 중용의 현시가 바로 저 노오란 신호등이 아닌가. 이제야 나를 기다린 노오란 나무의 속내와 나를 애타게 만든 노오란 가을의 심사가 어렴풋이 잡힌다. 참 바삐도 살아 왔다. 숨돌릴 사이 없이 빨리빨리 뛰다가 결국 여기까지 오고야 말았다.

겨울옷이 팔려나갈 추위가 저쪽에서 몰려오는 듯하다. 그걸 마중이라도 하듯 나는 정오의 햇살이 노오랗게 부서져 내리는 리바다비아[3] 네거리를 건너기 시작한다.

(1998)

3) 리바다비아(Rivadavia) : 부에노스 아이레스에 동서로 뻗어있는 큰 길.

돌멩이

책이 있는 방에 돌멩이가 끼어들기 시작한 것은 6, 7년 전쯤이다. 어느 해 마르 델 쁠라따[1] 피서지 해변에서 자갈 몇 개 집어 온 것이 계기가 되어, 이제는 대글대글한 것만도 수십 점에 이른다. 하고 많은 취미 가운데 하필 돌멩이냐고 비웃을 사람이 있을 것 같아 생각해 보았더니, 답변이 될 만한 몇 가지가 떠올랐다.

내게는 생명 가진 것들을 끈기 있게 보살피지 못하는 부끄러운 천성이 있다. 평생 강아지 한 마리 기워 보지 못했고, 난초 한 잎 가꿔 본 적이 없다면 더 안 들어도 내 성격은 물론 무생물 취미까지 이해가 될 것이다. 무엇 때문이었는지 기억은 없지만, 소년 시절 어느 날 어머니는 나를 일러 인정머리가

1) 델 쁠라따(Mar del Plata) : 아르헨티나 대서양 연안의 도시.

없다고 나무라셨다. 인정머리가 없다는 것은 마음이 차다는 말이 아닌가. 어머니는 그때 나를 보며 돌을 연상하셨을지도 모른다. 사람들은 돌로부터 흔히 차다는 인상을 받으니까 말이다. 나의 돌멩이 취미가 유유상종의 이치로도 생각되는 것은 이런 맥락이 있기 때문이다. 그러고 보니 어렸을 적 돌담을 친 집에서 살았던 일도 무심히 넘겨지지를 않는다.

이민 온 지 얼마 되지 않아서였다. 라 빰빠 대평원을 관통하는 여행을 했는데, 참으로 넓고 비옥한 땅이로구나, 부러움에 찬 탄성을 쏟고 나면 번번이 뒤가 허전하고 맥이 풀렸다. 아침나절에 생겨난 의문은 해거름에야 풀어졌다. 신기루처럼 형상을 내보이기 시작하는 안데스 산맥 자락과, 듬성듬성 나타나는 돌덩이들을 만나자 어느새 내 몸은 구석구석 생기가 차 올랐던 것이다. 산이 고국 분위기를 안겨 준다. 돌들이 고향 친구들처럼 다정스럽게 다가온다. 신바람이 났다. 부에노스 아이레스에서 어깨가 늘 무겁고 뻐근했던 것이 이민 정착의 어려움이나 습도 높은 기후탓만이 아니었구나 생각하니, 산과 돌이 없는 부에노스 아이레스는 뇌리에서도 자꾸자꾸 멀어지는 느낌이 들었다. 이로 미루어 몸 속에 저장되어 있는 돌 정서와, 돌을 가까운 데서 쉽게 볼 수 없는 환경이 함께 돌멩이 취미를 만들어냈다고 말해도 틀리지 않을 것 같다.

돌멩이는 더 말할 것 없이 품위와는 거리가 먼 물건이다. 완상의 대상물이 되기에는 격이 턱없이 모자란다. 내 방에 모이는 돌멩이는 그러니까 막돌인 것이다. 공사판에 차떼기로 실려와 시멘트와 모래에 섞여 삽시간에 모습이 숨겨지는 잡석도 돌멩이고, 진흙 길에 깔리며 석축에 굄돌로 쓰이는 허드레돌도 돌멩이다. 이 발 저 발에 채이기 일쑤이고, 아무 손에나 잡히어 팔매질 당하기 십상인 돌, 그 자질구레하고 하찮은 것들이 내 방 식구로 자꾸 늘어나는 것이다.

그것들은 놓여진 대로 묵묵히 제자리를 지켜낼 줄 안다. 자기를 위하여 무엇을 원하지도 않고, 나 여기 있소 하며 고개를 쳐드는 법도 없다. 조무래기들끼리 모여 있어도 아웅다웅 다툼을 안 보이고, 이리저리 부대껴도 짜증이나 신경질을 모른다. 반드럽고 매끈한 수석이 옆에 앉아서 주인의 갖은 총애를 혼자 다 받는다 해도 시새워 하지 않을 작은 석불들, 돌멩이들은 그리 무겁지 않다. 그러나 속이 비었다고는 말할 수 없다.

내 방은 항상 침묵이 고여 있다. 돌멩이들의 침묵이다. 나는 영겁의 세월과 천지의 개벽과 지구의 내력을 말할 수 있는 존재로 조물주와 돌을 꼽는다. 그러나 주관자 조물주는 태초부터 '말씀'을 내려도, 체험자인 돌은 이제까지 말을 한 적이 한 번도 없다. '말씀' 이 외에 다른 말이 더는 필요 없다고 판단한 것은 아닌지 모르겠다. 돌멩이로부터 전이되어 오는 침묵의 최면은 빠르다. 밖이 닫히고 안이 열리는 순수의 시간을 맛보았을 때, 숙면을 취하고 난 듯 가뿐한 심신을 표현할 수 있는 단어로 나는 '청정'만을 알 뿐이다. 내 방을 맘속으로 수도원이라 또는 선방이라 여기는 까닭이 여기에 있다. 돌멩이들의 부피는 보잘것없다. 그러나 그들 침묵의 영역은 높고 멀다. 넓고 깊다.

정원석은 어쩐지 거리감을 느끼게 한다. 굵직굵직한 감투를 몇 개씩이나 쓴 지체 높은 사람의 위압적 분위기를 풍겨내는 탓이다. 정원석을 놓고 즐기려면 어울리는 정원이 먼저 있어야 함도 자못 부담스러운 일 아닌가. 지니기에 불안한 돌은 보석일 것 같다. 김칫국부터 마시는 격이겠지만, 보석을 지니게 되면 야무지고 예쁜 애인을 둔 졸장부의 심사를 갖게 되지 않을까 걱정이 앞서는 것이다. 그렇다면 수석은 어떨까. 수석은 엘리트 의식이 몸에 밴 돌로 여기고 싶다. 오석을 쳐주고, 산수 경석이니 문양석이니 구분하는 것부터가 벌써 평범하지 않다는 증거나 마찬가지이다. 출신을 따지고 신분을 내세우면 위화감만 조성하는 것은 삼척동자라도 다 아는 사실이다. 아무 곳에서나 허물없이 쉽게 만날 수 있는 놈, 돌멩이는 풀로 치면 잡초요, 꽃으로 치면 들꽃이다. 그저 그렇고 그런 사람, 돌멩이는 장삼이사다.

부에노스 아이레스에는 돌멩이가 없다. 아니, 어디라도 도시 안에서는 돌멩이 구경하기가 쉽지 않다. 도시에서 멀어질수록 돌멩이들이 지천인 것을 보면, 도시가 돌멩이들을 싫어하는 것인지 돌멩이들이 도시를 꺼려하는 것인지 헤아려지지를 않는다. 내 여행의 목표지는 돌멩이가 있는 곳이면 어디든 합격이다. 돌멩이 하나라도 집어 온 곳이면 이름없는 들판이라도 추억의 명소로 남지만, 돌멩이 한 점 건지지 못한 곳이라면 거기가 세계 제일의 관광지라도 나는 다시 가보고 싶은 여행지 목록에서 빼어 놓는다.

바닷가 · 강가 · 호숫가 · 산기슭 · 사막 · 계곡…, 여기저기서 집어 온 돌멩이들이 내 방 구석구석 뒹굴고 있다. 어느 놈은 짭짤한 갯비린내를 풍기고, 어느 놈은 만년설 찬 기운을 내뿜는다. 브라질 내륙 히오 껜찌 온천 계곡에서 주워 온 돌멩이 하나는 인디오가 쓰던 주먹도끼가 분명하다. 개흙에다 조개껍데기 가루를 섞어 아무렇게나 주물러 놓은 것 같은 비자 헤셀[2] 피서지의 해변석을 나는 고분에서 출토된 부장품 토우로 여기며 쓰다듬는다. 제 눈에 안경일 테지만, 내 돌멩이들은 나름대로 특색을 지녔다. 그 놈이 그 놈 같아도 뜯어 못해 잡석으로 몰리고 허드레 돌 신세가 되며 막돌 취급을 당하는 돌멩이들이 땅 위에는 얼마나 많은가.

그래도 촉촉한 마음의 눈을 가진 사람이 아주 없지는 않은가 보다. 시인 신경림은 〈파장〉에서 이렇게 노래했다.

"못난 놈들은 서로 얼굴만 봐도 흥겹다."

(2004)

---

2) 비쟈 헤셀(Villa Gesell) : 아르헨티나 대서양 연안의 도시.

바람 부는 날의 산조

타관은 더 춥다더니 부에노스 아이레스의 겨울은 영상 5도에도 혹한이다. 그러나, 정작 견디기 어려운 것은 추위가 아니라 바람이다. 미운 작부처럼 속속들이 파고드는 바람, 그것은 마음을 저미는 비수요, 가슴을 후비는 송곳이다.

이런 날은 천근 남자의 마음도 바람을 탄다. 인생의 겨울을 생각하는 어쭙잖은 사색인이 되기도 하고, 삶과 죽음을 헤아리는 서툰 철인도 된다. 그러다가 현실 속의 자화상을 들여다보며 암울에 빠지는 심약자가 되어 버린다.

몇 손님과의 가벼운 상거래, 종업원과의 두어 마디 잡담, 신문 훑기, 잡지 뒤지기, 그리고 찬 도시락을 열어 젓가락을 들면 외로움이 먼저 식도를 넘는다.

방향감각을 잃은 겨울바람은 쁘로빈시아[1]의 오후를 마냥 흔들어 마음의 안정을 못내 방해한다. 밖을 서성거리기도 하고 책을 집었다 놓기도 한다. 그래도 오후는 길다. 불경기는 시간 속에 지루함으로 살아있다. 또 몇 손님과의 가벼운 상거래, 그리고 종업원과의 두어 마디 잡담. 이윽고 돈통을 열어 허약한 하루를 챙긴다.

운 빼소[2]로 감히 벤스를 산다. 버스 안에는 초췌한 3등 인생들이 졸고 있다. 이가 안 맞는 창문 틈에서 새어 드는 황소바람을 깃으로 막으며, 동족은 아니나 동류임이 분명한 그들 속에 섞이어 같이 눈을 감는다.

오늘도 옷값을 깎아 달라는 손님이 있었다. 얄미운 생각에 응해 주지를 않았다. 사간 지 오랜 옷을 바꾸러 온 손님도 있었다. 뻔뻔스러워 보여 안 된다고 잘랐다.

항상 지나놓고 나서야 후회하는 버릇, 늘 현재상황이 아닐 때에만 너그러운 도덕군자가 되는 심보는 무엇인가. 내일 또 다시 너그러울 수 없다는 엄연한 사실조차 부담으로 와 닿지 않는 위선은 또 무엇인가.

웅성거림에 눈을 뜨니 졸던 동류들이 모두 내리고 있다. 낌새가 고장이다. 마침 네거리를 휩쓸며 줄달음치던 바람기둥이 판자촌 지붕 위로 승천하듯 사라지는 것이 보인다. 이민 선배들의 한과 땀과 눈물이 고였던 곳, 여기를 잊으면 모든 것을

---

1) 쁘로빈시아(Provincia) : 지방 (수도에 대해서).

2) 운 빼소(Un Peso) : 1 빼소.

잃을 수 있다는 소리가 바람기둥에서 들려온 것 같은 착각을 하며 초라하게 누운 꼬레아길을 밟는다.

각 나라의 이름을 딴 거리가 허다한 아르헨티나에 우리의 길이 없었다는 것도 참지 못할 부끄러움이었지만, 천신만고로 얻어냈을 단 한 꽈드라[3]의 바나나형 비탈길도 그 몰골이 수치스럽기는 거기서 거기다.

어느 날은 찬비에 후즐근하던 낙엽 밟기가 싫더니, 오늘은 또 발끝에 채는 꼬레아길 나뭇잎의 신음을 듣는 것이 마냥 짜증스럽다. 고샅길 더듬듯 골라 골라 환한 백구에 닿는다. 여기는 왕십리다, 길음동이다. 모래내다, 봉천동이다.

동포 식품점의 볼리비아노[4]는 과일상자를 들이느라 혼자 바쁘다. 번들거리는 감의 윤기에 이끌리어 한 발 가까이 가려는 순간, 젊은 동포 여인이 급히 다가와 선뜻 감을 고르기 시작한다.

순식간에 여인을 훔치는 치한으로 변한다. 그 눈으로 감을 고르는 여인의 손끝에 엷은 피로가 묻어있음을 본다. 소매에 붙어있는 분홍색 실밥에 고단한 이민의 하루가 물들어 있음도 본다. 스웨터를 입었어도 너무 좁은 여인의 어깨는 안쓰럽다. 감에 어리는 향수의 눈빛은 애처롭다. 밑 화장도 없는 여인의 얼굴이 감빛으로 다가온다.

---

3) 꽈드라(Cuadra) : 거리의 구획. 1 꽈드라는 100m.
4) 볼리비아노(Boliviano) : 볼리비아인.

바람은 항상 밤에 더 짓궂은 것인가. 미장원을 출입한 지 오래된 여인의 머리카락을 사정없이 흩으면서 귀밑에 숨어있던 연민의 색깔을 보여준다. 희어서, 고와서 너무 슬픈 부위다.

"시어머님이 감을 좋아하세요."

반듯한 서울말씨는 단감 맛이다. 저만치 가버린 여인의 자리는 감빛 공허로 남는다.

까라보보[5] 한인촌의 중심 거리를 걸어가는 여인의 뒷모습은 점점 멀어진다. 작아진다. 그리고 사라진다. 외등은 허공에서 졸고, 가로수는 맨몸으로 떤다. 그 밑에 초로의 겨울 남자가 혼자 서 있다.

밤바람이 다시 분다.

(1995)

---

5) 까라보보(Carabobo) : 부에노스 아이레스의 거리 이름.

사람들 사이에 길이 있다

사과 밭 경계로 촘촘히 서있는 짙푸른 미루나무 꼭대기에 열 사흘 둥근 달이 은백색으로 얹혀 있다. 5번 국도를 따라 싼따 로사[1]에 이르렀고, 다시 몇 개의 국도를 바꾸며 네우껜 네우껜[2]에 도착할 즈음엔 벌써 어둠자락이 낯선 도시를 휘감아 버린 후였다. 하룻길 1,200킬로미터. 서울에서 부산을 세 번 가는 거리다. 가히 장정長程이었다.

하기야 여행은 나그네 길, 길 감이 아니던가. 만약 길이 없다면 여행이란 레저는 생겨나지 않았을지도 모른다. 산이 있기에 산에 오른다는 어느 등산가의 명언이 전해오듯, 길이 있으니 길을 간다는 여행가들의 일성一聲도 생겨날 법하다.

---

1) 싼따 로사(Santa Rosa) : 아르헨티나 중부 라 빰빠(La Pampa) 주의 수도.
2) 네우껜 네우껜(Neuqu · n) : 아르헨티나 남부 네우껜(Neuqu · n) 주의 수도.

인간의 역사를 길의 역사로 표현한 글을 읽은 적이 있다. 길의 길이와 편의는 여타의 문명과 비례한다는 주장이었다. 문명국일수록 자랑거리의 하나가 고속도로이니 쉽게 수긍이 되기도 한다. 놀랍도록 정교한 석축물을 마츄피츄에 남기고도, 지구 위에서 사라져버린 잉카족이 수레바퀴를 못 만들었다는 거짓말 같은 얘기가 전해 오는데, 모르긴 하거니와 미개한 길 문화가 저들의 몰락을 자초했을 가능성은 충분하다.

길이라면 고향 마을 앞에 하얗게 누워 있던 신작로가 생각난다. 가물에 콩 나듯 흙먼지를 날리며 '도라꾸'가 지나가기도 했지만, 덜커덩거리는 달구지가 더 많이 왕래하던 흙길이다. 서쪽으로 가면 대처大處가 나온다고 했다. 어린 나이였음에도 그 쪽으로 걸어가고 싶었던 욕망은 지금껏 마음 한 켠에 남아 진한 향수를 부추긴다. 그 길은 항상 호기심과 기대의 땅에 연결되어 있었다. 환상 속의 소녀도 그 길로 걸어 올 것만 같았다. 꿈을 부풀려 주던 그 신작로, 그대로 남아 있을까.

아르헨티나는 일찍부터 길의 발달이 남달랐던 나라다. 길에 대한 한국적 관념의 길이가 얼마나 짧았는가를 이민 와서야 알게 되었다. 바둑판 모양인 도시의 가로를 대하면서도 그랬지만, 가도가도 끝이 없는 국도를 달리면서는 어린아이처럼 입을 다물지 못한 때가 한두 번이 아니다.

오늘도 같은 경험을 했다. 평면과 원 그리고 직선으로 형성된 기하학의 현장을, 이동하는 한 개의 점이 되어 한여름 그

긴 하루를 쉬지 않고 달려온 것이다. 기껏 만경들이나 경부고속도로를 내세우는 좁은 땅 출신에겐 이것만도 큰 볼거리가 아닐 수 없다. 대지는 광활한 평면이며, 평면의 끝은 거대한 원주圓周로 이어져 있다. 그 가운데로 뻗어 있는 외가닥 선이 곧 아르헨티나의 대평원을 가르는 도로이다.

그 길을 통과하는 것은 고독한 질주다. 요행, 인가를 지나칠 때면 짖지도 않는 개가 먼저 내닫고, 그런 연후에야 정물인 양 서 있는 사람들이 한둘 나타났다가 사라진다. 반갑다. 그을린 피부와 무념의 표정조차 정겹게 느껴진다. 사람에 치이고 물리고 또 퇴를 내고 떠나온 지가 하루도 지나지 않았는데 다시 사람이 반갑다니…. 인심은 과연 조석변朝夕變이다.

그러고 보면 여행은 만남의 행로다. 흔히 풍물에 경도되기 일쑤지만, 결국 사람과 사람을 위해 존재하는 것들과의 만나는 과정이 여행 아닐까 싶다. 그러나 여행은 흔해도 인간적 만남은 많지 않은 시대가 오늘이다. 사람들 사이에 벽은 높고 골은 깊이 패였다. 단절과 단절 사이에 남은 것은 오로지 개체뿐이다.

"사람들 사이에 섬이 있다. 그 섬에 가고 싶다."

고독한 현대인을 대변하듯 짧게 절규한 정현종의 시가 그지없이 애처롭게 들린다.

사람들 사이에는 섬만 존재하는 것일까. 그렇지 않다. 사람들 사이엔 애초부터 길이 있다. 마음과 마음을 잇는 보이지 않는 길이 있었다.

여름 바까시온 바까시온[3]도 중요하지만, 그 길 여행이 더 시급하다는 것을 말하려는 듯, 중천의 달이 구름을 비집고 얼굴을 내민다. 아닌 게 아니라 벌써 까뻬딸[4]이 그립다. 정인이라도 두고 온 사람처럼 말이다.

(2000)

3) 바까시온(Vacaci · n): 휴가, 바캉스.

4) 까뻬딸(Capital) : 수도.

까라보보의 참나무

아베니다[1] 까라보보[2] 한인촌 중심 거리 1,300번지 근처 중앙분리대 위에는 이십여 그루의 참나무가 서 있다. 어림짐작으로도 수령이 반세기는 훨씬 넘어 보인다. 그 길을 지날 때마다 나는 의문을 갖곤 한다. 한국 이민자들이 이 주변으로 몰려들 것을 미리 알고 누가 일부러 심어놓은 것은 아닐까.

참나무는 한국에 아주 흔할 뿐 아니라, 한국인의 특질을 그 어느 나무보다 더 많이 지니고 있다. 말하자면, 참나무가 한국 나무라는 인식이 이런 의문을 갖게 하는 것이다.

바닷가인 내 고향 뒷산에는 소나무만큼 참나무가 많았다. 청년기 몇 해, 나는 산간 마을에서 산 적이 있다. 가을 산이

---

1) 아베니다(Avenida) : 대로, 큰 길.
2) 까라보보(Carabobo) : 부에노스 아이레스의 거리 이름.

불탄다는 표현을 거기서 처음 실감했는데, 그 불타던 나무들은 거의 참나무였다. 그다지 많이 다닌 것은 아니지만, 내 발길이 닿았던 지역마다 전국 어디든 참나무는 쉽게 눈에 띄었다. 내 머릿속 한국 산야는 소나무와 참나무가 반반이다.

작년이었던가, 내 생각이 견강부회가 아니라는 것을 대변해 주는 듯한 글을 읽었다. 목성균 선생의 수필 〈혼효림〉은 이렇게 시작된다. "우리나라의 산을 지키는 나무를 대별하면 소나무와 참나무로 나눌 수 있다." 그는 수목과 더불어 수십 년 함께 살아온 분이다.

기질적으로도 참나무는 한국인을 너무 닮았다. 강인한 목질과 높은 화력은 말할 것도 없고, 날을 제대로 받기만 하면 주저 없이 제 몸을 쪼갤 줄 아는 결기, 작으면서도 야무지기 이를 데 없는 열매서건 한국인의 특성을 그대로 빼쐈다. 단풍은 와짝, 낙엽은 와수수…, 누구나 다 아는 가을 참나무의 두 얼굴이다. 뜨겁고 차가움이 너무 극명한 우리네 성정을 형상화시킨 설치미술이라 해도 그럴 듯하지 않은가.

우리 민족이 가장 먼저 먹기 시작한 식물食物 중 하나가 참나무 열매인 도토리라고 한다. 한 세내 진끼지만 해도 가난한 백성들은 구황식품으로 쑥이나 송기 따위와 함께 도토리를 먹었다. 도토리를 들추면서 묵을 묵살시킨다면 한국인의 도리가 아닐 것이다. 내세울 맛이 없어도 감빨리고, 이렇다 할 향이 없어도 개운한 음식, 묵에는 한국인의 담백한 국민성이 엉키어 있다. 맨손으로도 능히 감칠맛을 창조해내는 한국여인의 곰살스러운 솜씨가 스며 있다. 비슷한 과정으로 제조되는 두부도 나무랄 데 없는 식품이긴 하다. 그러나 응고제가 첨가되고 이웃 민족도 만들어 먹는다는 점에서 순수성과 고유성을 확보한 우리의 묵에는 갖다 댈 수가 없다.

묵은 주·부식의 위치를 가리지 않고 꾸준히 한국인의 음식문화의 한 쪽을 차지해 왔다. 근래에는 건강식품으로도 새로운 각광을 받고 있지 않은가. 묵 하나만으로도 정이품송 이상의 품위를 받아야 한다는 게 애'묵'주의자를 자처하는 내 주장이다.

그렇지만 참나무에게도 흠은 많다. 둥치는 강기가 넘쳐 광물질을 연상시키고, 가장자리가 톱니처럼 날카로운 이파리는 보기만 해도 긁히지 않을까 겁부터 생긴다. 두껍고 짙푸른 여름 잎새에서는 고집과 심통이, 바스러질 듯 메마른 가을 낙엽에서는 경박과 차가움도 읽혀진다. 전체적으로 산만한 인상과 억세다는 느낌을 주는 나무가 참나무라 말할 수 있다.

이것이 원죄였을까. 관상수나 정자나무가 되어 사람들에게 사랑을 받고, 시인 묵객들과 벗이 되었다는 얘기는 별로 나돌지 않는다. 십장생과 세한삼우에 끼는 등 소나무가 남달리 기림을 받는 것은 이런 참나무와 섞여 있어서 쉽게 비교가 되기 때문인지도 모르겠다.

그래서 하는 말이다. 무뚝뚝한데다 무표정하고, 남의 아픈

데를 굵기 잘하는 사람들, 나만 내세우느라 겸양과는 담을 쌓고 서두르기에 바빠 신중치 못한 사람들을 나무에 빗댄다면 더 말할 나위 없이 참나무가 적격이라는 생각이 든다.

외국에 나오면 누구나 애국자연 한다. 타국인 앞에서 안팎으로 덜 다듬어진 선머슴 본새를 내보인다면 과연 애국에 보탬이 될는지….

이래저래 까라보보의 참나무는 내 시선을 끈다. 볼 적마다 우연히 심겨진 나무가 아니라는 생각이 떠나지 않는다. 설사 우연일지라도 그 속에 필연이 숨어 있음을 믿고만 싶다.

관심을 가지면 더 잘 보인다고 했던가.

벌거벗고 버티는 몰골이 이민을 닮아 마냥 을씨년스럽던 나목 주위로 남기嵐氣가 어른거린다 싶으면 어느새 9월이다. 메마른 가지 끝에 녹두알 같은 새순을 틔우며 더부살이 동네에도 봄이 오는 것이다. 해마다 나는 까라보보에서 희망의 메시지를 제일 먼저 듣는다.

낙엽이 나풀거리는 음산한 계절이 깊어지기 전, 참나무는 탱글탱글한 도토리를 바닥에 떨어뜨리며 바람의 탓인 양 짐짓 허공으로 몸을 흔든다. 일 년에 단 한 번이라도 도토리를 주우며 동심에 젖어 보거나, 향수를 풀어버려야 일이 손에 잡히는 이들이 이민이란 사실을 잘 알고 있는 듯한 거조가 능청스럽다. 여유가 없으면 능청이 가능하겠는가. 내게 가장 모자라는 것이 여유로움임을 참나무는 또 어떻게 알았을까.

봄 · 가을 다 좋지만 당찬 기운을 거침없이 내뿜는 까라보보의 여름 참나무를 나는 더욱 좋아한다. 주눅들지 말고 꿋꿋하게 살아가라는 푸르디푸른 권면의 목청이 햇살 이글거리는 사방으로 우렁차게 퍼져 나가서 좋은 것이다.

그 좋은 여름이 저만치 오고 있다. 입김이 제법 뜨겁다. 숨이 턱에 차도록 헐레벌떡 뛰어오는 모양이다.

(2003)

유사유배기

입

"무슨 도 닦을 일 있어요? 이제 머리 깎고 나타날 날만 기다려야겠네요?"

L선생은 전화로 여러 얘기를 했지만, 내 머릿속엔 이 말만 또렷이 남아 있다. 엇박자 아유라면 선생을 꼽아야 한다. 소리 소문 없이 왜 지방에 가 있느냐, 빨리 까삐딸[1]로 올라오라는 우정의 언표를 그는 이런 식으로 비틀었다.

그 때 나는 속으로 웃었다. 이 모형 같은 소도시에서의 하루하루가 너무 무미하고 답답하여 발광 직전 상태에 처해 있는 속인에게 당치않게 수도修道를 말하다니 하면서.

---

1) 까삐딸(Capital) : 수도首都.

그 즈음, 거의 종일 침묵으로 지내야 하는 것이 무엇보다 힘들었다. 아들과 며느리와 세 살배기 손자 하나가 말상대의 전부라는 사실만으로도 나는 숨막혀 했다. 그나마 아들 내외는 아침 일찍 가게로 나가면 점심 · 저녁 밥 먹는 시간에만 잠깐씩 얼굴을 볼 수 있다. 말의 성찬이 준비되었다 하더라도 여유 있게 상머리에 앉아있을 틈이 없는 그들이다. 그렇지만 이 정도를 가지고 힘들어했다면 엄살의 혐의를 못 벗을지도 모른다.

제 가정을 이룬 아들과의 대화를 대부분의 늘그막 아비들은 맛이 없다는 말로 표현을 한다. 사막여행만큼이나 건조하다는 뜻이다. 사막횡단에 필요한 장구 — 공동 관심사와 사이클이 맞는 화제 — 를 맘먹고 챙기는 준비심이 없으면 아무리 짧은 거리라도 그 여행은 단념하는 것이 낫다고 여긴다. 곡절이 그러함에도 강행과 단념 사이에서부터 갈등을 하자니 스스로 속을 볶는 결과만 낳곤 했던 것이다. 대화에 관한 한 며느리는 시아비에게 지체 높은 공주님이라고 생각한다. 모든 것이 개방적이라는 오늘날에도 며느리는 아주 정선되고 의례적인 언어의 주고받음이 아니면 안 되는 한계의 성벽에 갇혀있기 때문이다. 이래저래 고립의 연대를 숙명적으로 살아가야 하는 노년층에게는, 침묵이 물리쳐야 할 적이 아니라 도반이 되어야만 하는데, 나는 그것을 체득하는 자기성숙이 모자랐던 셈이다.

여기 사막과 궁궐을 자유자재로 넘나드는 슈퍼맨이 하나 있다. 나를 '하버지'라 부르는 손자녀석이다. 그런데 그 무소불통無所不通의 능력으로도 열지 못하는 문이 두 개나 있으니 하나는 제 입이요, 또 하나는 내 입이다. 녀석은 별나게 말이 더디고 나는 위인이 좀체 씩둑거릴 줄 모르는 것이다. 닫힐 수밖에 없는 입, 한가 못할 입을 달고 지내오기 어느덧 두 달이 되었는데….

L선생의 말이 씨가 된 것일까. 억지 춘향일망정 침묵이 사고를 낳았기 때문일까. 천주교에는 침묵하는 피정이 있다는데 내가 믿는 개신교에는 왜 이런 제도가 없을까, 어느 날 느닷없이 엉뚱한 불만이 고개를 드는 것이었다.

불만은 반성으로 변종되었다. 입이 얼마나 오염된 언어의 하수구 노릇을 했던가. 얼마나 많은 독침을 겁도 없이 쏘아댔던가. 그러고 보면 나만큼 침묵수련이 필요한 사람도 없을 것 아닌가.

상황을 엮어 입의 부실관리자를 이 벌판 속 손바닥만 한 소도시로 끌고 와 유배(?)시킨 어떤 보이지 않는 존재가 마냥 두렵게만 느껴졌다.

나는 일어나 이제 가리, 이니스프리로 가리
거기 나뭇가지 엮어 진흙 바른 작은 오두막 짓고
아홉 이랑 콩밭과 꿀벌통 하나
벌들이 윙윙대는 숲속에서 나 홀로 살으리.

내용으로 보아 나와는 전혀 무관한 것 같던 W. B. 예이츠의

〈이니스프리 호도〉가 요즘 들어 바람인 양 자주 뇌리를 스치는 것도 새로운 변화 현상의 하나다. 숲속에서 홀로 살면 말은 필요치 않을 것이다. 소로우나 법정의 비범함은 그 쪽에 더 큰 비중이 있을지도 모른다.

까삐딸에 올라가는 날, 머리 깎은 도인보다는 입에 지퍼를 단 기인의 모습을 L선생에게 보여주고 싶다.

"이제 '이니스프리 호도'로 떠날 일만 남았군요."

이런 비아냥도 한 번 더 들을 수만 있다면….

눈

많아서 탈이다. 진부한 얘기지만 많다고 다 좋은 것이 아님을 요즘의 나는 절감하고 있다. 남아도는 시간을 어떻게 처치할 방도가 서지 않아서 매일 고민을 하고 있는 중이다. 무슨 복에 겨운 소리냐고 같잖게 여길 직업인들이 고관대작보다도 더 우러러보인다.

거리라도 걸어서 시간을 죽이자. 시간 작살, 시간 처형. 이건 정물 같은 이 소도시에 온 후, 매일매일 내 생존전략의 표어와 구호로 굳어진 말이다. 그러나 발로구니가 되어 50꽈드라를 걸었는데도 잘려나간 시간은 고작 하루의 24분의 1. 나머지 스물세 시간이 야차夜叉처럼 버티고 서 있는 것이다. 산책 운운이 사치스러운 말이 듯, 시간이 빠르다는 말도 지금의 내게는 허언으로만 들린다. 독서와 낮잠이 바쁜 짬을 비집고 얻어낼 때만 꿀보다도 더 달다는 사실은 예 와서 초장에 이미 재확인한 바 있거니와, 상식에 기초한 내 평상 생활관습의 얼개를 여지없이 망가뜨리는 지극히 오만한 지역이 이 보잘것없는 소도시일 줄이야.

그렇다고 파발마처럼 종일 다리품을 팔 수는 없는 일이다. 다행히 이 작은 도시에도 공원이 있다. 허나, 한적한 산 마르띤 공원을 찾는 이유가 무거운 다리 때문만이라면 오죽이나 좋으랴.

내가 한 마리의 희귀동물이 된 지도 벌써 두 달이 넘었다. 얼굴이 납작해서, 광대뼈가 튀어나와서, 또 눈꼬리가 위로 찢어져서 나는 꼼짝없이 이상한 동물이 되어 버렸다.

공원으로 향하는 것은 동물의 본능적 은폐 작전이다. 남아도는 시간만큼이나 끈질기게 달라붙는 호기심의 눈동자들은 나를 몹시 속상하게 만든다. 이걸 무덤덤하게 넘기는 사람은 장수할 것이다. 장수는 못하더라도 보임을 당하는 객체는 되고 싶지 않다. 이 나이까지 나는 남을 보기만 하는 주체로 살아오지 않았던가. 지난날 산 마르띤 장군은 아르헨티나의 건국영웅이었다. 오늘 그는 내 근위대장이 되어야만 한다.

공원도 안전지대가 아님을 깨닫기까지의 시간은 왜 이리 짧은지 모르겠다. 게릴라처럼 출몰하는 주춤주춤 · 힐끔힐끔과의 백병전에서 산 마르띤도 별 수 없다는 확인은 서글픔으로 차 오른다. 궁즉통. 그래, 박물관이 있었지. 구약의 도피성은 여호와의 은총지역이었다.

들어서자마자 유리상자 속에서 뱀들이 꿈틀대는, 이름하여 자연사 박물관. 가느다란 놈, 굵은 놈, 점박이, 꽃뱀…, 징그럽다. 그러나 여기서 물러나면 뱀보다 더 징그러운 잉여시간이 나를 친친 휘감아 질식시킬지도 모른다.

예쁘게 똬리를 틀고 있는 놈, 혀를 날름거리는 놈, 고개를 바짝 치켜들고 두 눈에 독기를 뿜는 놈…, 사람이라고 다 같은 사람이 아니 듯, 뱀이라고 다 같은 뱀이 아니라는 개성선언이 '뱀같이 지혜롭'다.

별안간 온몸에 소름이 돋는다. 그 순간 나는 뱀을 가둔 유리에 얼비치는 작은 눈망울들을 보았다. 박물관 견학을 온 유치원생들에게 포위를 당한 것이다. 뱀보다 더 신기한 학습자료를 발견했다는 듯, 득의만만한 눈빛들이 내 얼굴을 뜨겁게 달구고 있었다. '오 디오스!'(아 하나님). 그 다음 속으로 내가 웅얼거린 말은 '젠장'이었다.

늦은 저녁을 먹고 나면, 뒤란을 혼자 서성이며 하늘을 쳐다보는 마무리 시간이 기다린다. 오늘은 별들이 눈썹에 매달려 그네를 타는 듯 유난히 가깝게 빛난다. 김광섭의 명시 〈저녁에〉가 저절로 떠오르는 맑고 깨끗한 밤이다.

저렇게 많은 별 중에서
별 하나가 나를 내려다본다

이렇게 많은 사람 중에서
그 별 하나를 쳐다본다

낮의 일이 별똥별처럼 눈앞으로 스쳐간다.
유치원생들 눈에 나는 별이었을까. 뱀이었을까.

귀

꼬끼오―.

계명일성鷄鳴一聲에 라 빰빠[2]가 기지개를 켠다. 명색이 주도州都요, 센뜨로에서 네 꽈드라밖에 안 떨어졌는데 웬 닭 울음소리? 이런 놀라움도 이제는 다 가셔지고 없다.

침대 위에서 새벽을 뒤척이노라면, 부우연 기미가 어느새 창문으로 다가들고, 참새들은 가로수에 모여 경쾌한 자진모리 가락으로 내 고막을 쪼아대며 바지런을 떨기 시작한다.

조무래기들아 어서 모여라. 짹 짹 짹 짹. 나는 문을 박차며 뛰어나가고 싶은 마음이 굴뚝같아진다. 참새들아 기다려, 내 곧 나가마. 말하자면 이런 끼리끼리의 심정이 부풀어 오르는 것이다.

참새들은 깝신댈 망정 의뭉은 없고, 조잘대기는 해도 얄망스럽지는 않다. 몸집이 작은 편에 끼기는 하지만, 그렇다고 업

2) 라 빰빠(La Pampa) : 아르헨티나 중부 주 중의 하나.

신여김을 받을 정도는 아니다. 야하지도 추하지도 않은 빛깔 또한 물리지 않는 무난한 색조다.

조금은 처량스럽게 국국국 쉰 목소리를 토하는 비둘기와, 반벙어리로 벅벅거리는 뻐꾸기가 나타나는 것도 이 시각쯤이다. 휘휘 호휘호—. 이 청아한 목청의 주인은 숲속의 소프라노 휘파람새던가. 그러나 대평원의 신비로운 아침 안개 속에서 터져 나오는 장엄한 개막 코러스의 중심은 어디까지나 참새들이다.

참새는 매우 좋은 이웃이다. 먹이 획득이 용이해서 그렇다지만, 사람도 사람을 못 믿는 세상이 되어 가는데, 변함없이 사람을 신뢰하는 날짐승이 곁에 있다는 것은 얼마나 감격할 일인가. 인류 멸망의 때를 예언하라면 나는 서슴지 않고 참새가 인가에서 사라지는 날이라 말하기를 주저하지 않을 것이다.

참새들의 짹짹거림이 순하게 들리기까지 무려 60여 일, 나는 흑백 청사진 같은 이 소도시에서 유사유배자의 막막한 심정을 달래지 못하고 혼자 괴로워했다. 내 사고와 감정의 장치는 복잡한 도시생활에 맞도록 고정되었고, 게다가 귀는 크고 거친 소리에 완전히 순치되어 있었다는 증거이리라.

이른 아침 뒤란에 서면 담쟁이 잎을 타고 내리는 이슬방울의 미끄럼 소리가 들리는 듯하다. 구름이 너울을 펴고 서붓서붓 공중 건너는 소리가 들릴 것이란 생각을 이전에 언제 가져본 적이 있기나 했던가. 어둠을 비집고 살며시 내려온 아기별들의 속살거림. 그 어느 정겨운 여인의 숨죽인 고백이 이

보다 더 감미로울꼬.

≪그 작고 하찮은 것늘에 대한 애착≫

어제 나는 오랜만에 가슴을 파고드는 시집을 읽었다. 시인 안도현이 현존 시인들의 시 중에서 특히 사랑하는 것들만 모아 엮은 책이다.

마당에 햇살이 노란 집
저녁 연기가 곧게 올라가는 집
뒤안에 감이 붉게 익는 집
참새 떼가 지저귀는 집

김용택의 〈그 여자네 집〉을 읽고는 이 근처 어디 이런 집 없을까 그리워했다. 시는 나이를 묻지 않는 줄 안다. 나의 '그 여자네 집'이면 더욱 좋겠다며 입가에 미소를 흘린 소이연이다.

(2003)

금자동아 은자동아
딸과 며느리
산아 산아 문학산아
아버지, 그들은 누구인가
어머니날의 사모곡
우진이
유초신지곡
주변머리 없는 남자
콩나물국을 먹다가
두려운 마음으로

금자동아 은자동아

R선생은 나를 무척 젊게 보신다. 기분이 나쁘지는 않으나, 나는 속으로 수긍하기를 꺼린다. 이순耳順이 손에 잡힐 듯 가깝게 와 있는 늘그막 길의 나 자신을 보기 때문이다.

결혼을 해서 한 여인의 지아비가 된 지도 어언 30년이 되었고, 며느리를 맞아 공경을 받기까지 되었으니 결코 젊은 나이는 아니라는 생각이다.

시아비가 된 후, 나에게는 변화를 요구하는 일들이 생기고 있다. 그 중의 하나가 식성이다. 어머니의 손끝에서 만들어진 애초의 내 식성이 30년간 아내의 솜씨로 새롭게 자리가 잡히더니, 이제는 다시 며느리가 조석으로 나의 입맛을 길들이게 되었다.

여인 3대의 조리법은 대동소이하나, 나의 혀가 반응하는 미각과 나의 장부가 받아들이는 느낌은 3인 3색이다. 나름대로의 특特과 장長과 승勝이 있으나, 구태여 한 솜씨만을 고르라면 나는 대뜸 어머니의 감칠맛을 꼽을 것이다. 이것은 효심을 가장한 위선이 아니다. 괴팍스러운 남편의 지청구도, 못된 시아비의 생트집도 아니다. 이것은 아직도 나의 정신과 육체 속에 유산처럼 남아 있는 어머니의 지배력 영향이다.

그 어머니가 나를 낳으셨다. 아버지의 위상이 어찌 폄하貶下될까마는, 열 달을 태중에 담고, 해산의 고통마저 마다 아니하셨으니, 이는 어머니가 구별되어야 할 마땅한 소이이다. 성경에는 하나님의 형상이 인간에게 전수되었다고 기록되어 있다. 그 고귀한 생명의 창조, 그 신비로움의 사역이 어머니에게 더 많이 맡겨져 있다고 말하면, 아버지에게는 또 한 번의 불효를 더하는 일이 될 것인가.

어머니는 나를 기르셨다. 아버지의 훈육을 어찌 경홀히 여길까마는, 가슴을 헤쳐 젖으로 먹이고, 품속에 안아 사랑으로 기르셨으니, 이 또한 어머니가 따로 기림을 받아야 할 충분한 이유가 된다. 오늘 나의 사람됨이 비록 크게 모자라고는 있지만, 그래도 이나마 땅을 딛고 버티는 것은, 오로지 어머니가 먹이신 그 젖의 힘과 어머니가 베푸신 그 사랑의 능력 때문임을 나는 굳게 믿는다.

어머니는 나를 아끼셨다. 청자 백자인들 나만큼 애틋했으며, 비취 홍옥인들 나처럼 소중했을까. 쥐면 꺼질세라, 불면 날세라, 애지중지愛之重之 떠받들던 금지옥엽金枝玉葉이 나 아니었던가. 그리하여 어머니는 나를 업고 어르면서, "금자金子동아 은자銀子동아, 금을 준들 너를 사며, 은을 준들 너를 사랴…." 이렇게 읊조리셨던 것이다.

그러나, 그러나, 어느 해 이른봄, 잔설이 채 녹기도 전에 그 아들은 처자식만을 이끌고 아르헨티나로 도망치 듯 가버렸다. 그 어머니는 그 아들이 떠나간 지 아홉 달 만에 무정한 아들이 보기 싫으신 듯 조용히 눈을 감으셨다.

16세기 조선문단을 기름지게 일구었던 시가문학의 거봉 송강 정철松江 鄭澈은, 4백 년 후에 태어날 불효막심한 한 후생을 위하여 부득불 미리 시조 한 수를 지어야만 했으니, 이름하여 훈민가 자효편訓民歌 子孝篇이다.

어버이 살아신제 섬길 일란 다하여라
지나간 후면 애닯다 어찌하리
평생에 고쳐 못할 일이 이뿐인가 하노라

이제 나는 R선생의 나에 대한 관찰과, 그 관찰에 대한 나의 반발이 모두 잘못되었음을 밝힌다. 나는 젊기는커녕 몽매한 철부지요, 어른 행세하기에는 더욱 가당찮은 만년 패륜아이기 때문이다.

그럼에도 불구하고 50년이 저 넘는 그 옛날에, 내가 귀를 달고 처음 들었던 어머니의 읊조림 가락을 다시 듣고 싶은 뻔뻔함만은 버리고 싶지가 않다.

"금자동아 은자동아, 금을 준들 너를 사며, 은을 준들 너를 사랴…."

(1995)

딸과 며느리

딸을 시집보낸 후 나는 다시 철이 드는 느낌이다.

큰며느리에겐 맏이의 역할만 요구했다는 자책이 들고, 작은 며느리에겐 숨돌릴 사이 없이 빨리 적응하기만을 채근했다는 반성이 생긴다. 딸을 시집보내니 며느리가 새롭게 보인다.

3월과 4월에 둘째 아들과 막내딸을 연달아 혼인시켰다. 결혼 4년째인 장남을 포함해 2남 1녀를 모두 짝지어줌으로써 속된 말로 두 손을 툭툭 턴 것이다. 임무를 다한 듯 홀가분하기도 하지만, 미진한 마음과 허전한 심정은 이루 다 말할 수가 없다.

둘째 아들은 한국에서 혼례를 치렀다. 그래 그런지 별 인사를 받지 못했다. 그러나 딸의 결혼 날짜가 잡혔다니까 모두들 "시원섭섭하시겠습니다."라고 인사를 해주는 것이다. 그땐 그냥 덤덤했는데, 결혼식 날 밤 집에 돌아와 딸애의 텅 빈 방에서 나는 혼자 울고 말았다.

내 눈에는 딸애가 아직도 철부지로만 보인다. 그 어린것이 부모 곁을 떠나 시집을 가다니…. 시부모 봉양, 남편 시중, 신접살이 갈피잡기 등 얼마나 힘이 부치겠는가. 옛 여인들은 "고초당초 맵다더니 시집살이 더 맵더라."고까지 한탄을 했다. 시대가 바뀌었다고는 하지만, 생판 다른 가정 분위기 속으로 들어가기를 결행하는 결혼의식이, 당사자 간의 아름다운 사랑을 감안하더라도 도무지 불가사의한 모험이 아닐 수 없다는 생각에 빠질 땐, 나는 영락없이 얼빠진 사람이 된다.

지난 주의 일이다. 전화벨이 울려 수화기를 드니 딸애였다. 그렇지 않아도 기다리던 전화였는데 딸애는 "아빠."를 부르고는 말을 더 잇지 못하는 것이다. 나도 덩달아 목이 메어 "얘야 얘야." 소리만 내다가 수화기를 놓아버렸다. 멍하니 창 밖으로 시선을 돌렸다. 초겨울 짧은 해는 기운 지 이미 오랜 듯, 검은 빛안개 같은 땅거미가 키다리 가로등 위를 무겁게 짓누르는 속에서 반짝이는 별 하나가 눈에 띄었다. 그 순간, 평소에는 별로 관심도 없었던 말, 시집을 가도 딸은 평생 애물이라던 그 말이 삭풍처럼 가슴을 휘젓고 달아나는 것이었다.

둘째 며느리는 딸애의 손위 올케이면서도 한 살이 어리다. 공부를 마치자마자 혼례를 치른 탓인지 아직도 학생 티가 몸에 배어 있다. 말수 적고 조신한 몸가짐에 나는 후한 점수를 매긴다. 남편 따라 아르헨티나까지 온 것을 생각하면 기특하고 갸

륵하기만 하다.

한국 친정에서 몇 차례 전화가 온 것을 알고 있다. 그런데 전화를 받으며 눈물을 흘리더라는 얘기를 아내로부터 들었을 때는 솔직히 내 심정이 언짢았다. 시집왔으면 출가외인인데, 친정 생각하고 울 것이 무어람. 이런 맘이 내 속에 없지 않았다. 너는 오로지 내 집 며느리라는 고정관념만 꽉 차 있었던 것이다. 남들은 최씨를 독하다고 하지만, 이걸 보면 나는 찬피동물에 더 가까울 것만 같다.

내 아들이 며느리를 도와 설거지를 해주면 쓸개 빠진 놈이 되고, 사위가 내 딸을 위해 앞치마를 두르면 참한 신랑이 된다는 개그 같은 얘기가 세간에 있다. 몇십 킬로 거리에 사는 내 딸은 천리만리로 떠내 보낸 듯 안타까워하면서, 지구 반대편 이곳으로 시집보낸 딸을 오매불망寤寐不忘할 사돈과 사부인의 마음은 눈곱만치도 헤아리지 못하는 내 심보가 바로 그런 것이 아닐까.

사실 나는 처지를 바꿔 생각하는 마음이 내게 이다지도 없는 줄은 미처 알지 못했다. 아니, 남보다는 그래도 더 역지사지易地思之한다고 자부하던 터였다. 한데, 딸을 시집보내고 나니 그 자부가 나를 한층 더 부끄럽게 만든다. 그 자부는 다름아닌 교만이었을 것이다.

무릇, 부부, 고부, 동서들의 불화는 말할 것도 없거니와, 남북의 대치, 여야의 대립, 노사의 충돌도 서로 역지사지할 때에만 풀어질 실마리가 쉽게 나타날 것 같다. 세상 범사의 엉킴과 사람 사이의 갈등은 반드시 풀 수 있는 피즐이요, 어딘가에 출구가 있는 미로나 다름없다. 역지사지는 그 해답과 그 문을 빨리 찾는 지침이 아닐까.

딸을 시집보낸 후에야 며느리가 다시 보이기 시작하는 걸 보면, 나는 이제야 역지사지의 제 1과에 입문한 꼴이다. 오늘 저녁에는 맏며느리에게 고생이 많다는 말 한 마디라도 건네야겠고, 작은며느리에겐 친정에 전화를 걸라는 말로 내 약점을 덮어볼까 한다.

속보이는 말이라고 저희들끼리 혹 부엌에서 키득거려도 나는 못 들은 척 내 방으로 들어가 버릴 테다.

(1999)

산아 산아 문학산아

신문의 고국면은 연서만큼 애틋하다. 더러 고향 이름을 발견하게 될 때는 더욱 깊은 감회에 빠지고 만다. 첫사랑의 연인 이름을 듣는 기분이 혹 이런지 모르겠다. 지용芝溶은 향수에 겨운 심정을 이렇게 표현하지 않았던가. "그 곳이 차마 꿈엔들 잊힐 리야."

한데, 꿈길에도 선연히 나타나던 내 '그곳'이 온데 간데 없는 것이다. 변심한 연인을 대한 듯 도무지 믿어지지가 않았다. 외로운 소박데기 모습이었을망정 문학산文鶴山이 눈 맞춤을 해주어 그나마 안타까움을 조금 누그러뜨리기는 했지만, 왜 고향엘 갔던가라는 후회는 지금껏 좀체 줄어들지를 않는다. 빽빽한 아파트 숲과 즐비한 상가건물들 속에서 진한 허무감에 젖었던 그날 그 오후를 나는 영영 못 잊을 것만 같다.

문학산도 쉽게 눈이 맞은 것은 아니다. 버스에서 내려 여기가 도대체 어디쯤인가 하며 두리번거리다가 아름한 산 하나를 발견했다. 아, 배꼽산! 얼른 입이 열리기는 했으나 아무래도 느낌이 이상했다. 눈이 자꾸만 거부반응을 일으키는 것이다. 배꼽산은 문학산의 애칭이다. 조선시대에 바다 쪽에서 이변이 일어나면 문학산에선 부랴부랴 봉화를 올렸다. 그 불길은 부평의 계양산을 거쳐 서울 남산으로 이어진다고 들었다. 그 임무를 위해 산정에 봉화대를 축성한 것이 마치 갓난애의 튀어나온 배꼽처럼 보여 항용 그렇게 불려졌다. 그런데 아무리 뜯어봐도 배꼽이 안 보인다. 배꼽이 있을 자리는 몹시 훼손이 되어 있고, 게다가 군부대 레이다 시설이 꽂혀 있었으니….

문학산은 탯자리가 남달라서 자고로 역사의 비바람을 피하지 못하고 오늘에 이르는 산이다. 비류백제 개국산성이라느니, 고구려의 변방진지였다느니 그 설이 분분한 성곽 터가 남아 있었음은 물론, 소풍간 꼬마들 발길에도 돌칼, 돌살촉들이 심심찮게 채이기도 했으니, 아주 오랜 옛날부터 풍운의 현장이었음을 쉽게 짐작할 수 있다. 제물포 개항과 인천상륙작전 등 민족의 사활이 걸렸던 근 현대사의 격랑을 가장 가까이에서 목격한 증언의 산이기도 하다.

그러나 그런 이유들 때문에 문학산이 내게 소중한 것은 아니다. 나의 문학산은 중울재로 해서만 그 의미가 살아난다고 봐야 맞을 것 같다.

대처大處 '제밀'이 꿈나라처럼 바라다보이고, 검푸른 서해가 턱 아래서 넘실대던 중울재를 넘어 국민학교 6년을 다녔다. 검은 연기를 내뿜으며 숨가쁘게 원통이고개를 넘어가는 서울행 열차와 월미도 앞바다의 육중한 기선들을 나는 거기서 처음 보았다. 물매미처럼 미끄러져가는 소금배의 통통통 소리와 수인선 협궤열차의 소프라노 기적은 중울재까지 도달해서는 왠지 애잔하게 흩어져 버린다. 망망한 허공으로 스러져 없어지던 그 소리들을 날개 펴 나붓나붓 따라가고 싶었다. 미지의 나라로 향한 그리움의 감정은 아마 그때부터 밑그림이 잡혔던 것은 아닐까. 이민을 감행할 수 있었던 내 용기의 근원은 중울재로 표시해야 마땅할 것이다. 중울재는 설렘의 고개였고, 꿈이 쌓인 마루였다.

중울재 바람을 쐬고 싶다. 그 소금기 바람이야말로 그 시절 나를 지탱시킨 자양이었다는 생각을 종종 한다. 바람으로 컸음을 노래한 미당未堂의 시가 전혀 과장이 아님을 나는 누구보다 잘 안다고 자부하는 사람이다. 60평생 병치레 없이 살아온 건강은 오로지 그 바람의 효력이라 믿으며, 고국을 등진 몸이 분수없이 우리 문학에 매달리는 이유도 그 바람이 아직 내 속에서 잦아지지 않은 때문으로 나는 본다.

중울재 바람을 마시며 진달래를 아름으로 꺾고, 싱아를 이가 시도록 뜯어 먹었다. 그 바람에 훈기가 들면 산딸기는 시나브로 붉어지고 도마뱀은 풀섶에서 저 혼자 바빠진다. '제철에 우는 뻐꾸기', '알을 품는 산꿩'인들 그 바람이 왜 아니 키웠으랴. 밤송이가 흙빛을 띠며 제풀로 여문 입을 벌릴 때쯤, 그 바람은 자꾸자꾸 소매 속으로만 기어든다. 솜옷을 준비하라는 신호다. 아니나 다를까 칼끝 삭풍朔風에 눈발이 실리는가 싶으면 천지는 삽시에 순백의 이불을 덮어쓴다. 그 후 그렇게 깨끗한 세상을 어디에서도 본 기억이 없다.

그 고개를 걸어 넘는 이 더는 없을 것이다. 책보를 가로 메고 찢어진 고무신을 질질 끌며 꼬부랑고개를 넘는 아이들은 더더욱 없을 것이다. 이제는 점령군처럼 몰려 들어와 시멘트로 진지를 구축하고 사는 살가죽 두꺼운 사람들의 조깅 코스로 명맥이 유지되고 있지는 않을는지. 중을재를 쳐다보며 노병의 처진 어깨를 연상하는 내 눈은 차츰 물기에 젖어 들고 있었다.

한유로운 구름 몇 덩이가 아침 햇살에 유난히 높아 보이던 시월의 마지막 날, 마침 사업차 귀국해 있던 맏이를 데리고 나는 숙소를 나섰다. 고향을 찾아가는 길에 맏이를 대동하는 데는 나름대로 계산을 갖고 있어서였다. 가계家系나 외국살이 등을 감안할 때, 그에게만이라도 아비의 고향을 꼭 보여야겠다는 의무감이 일었기 때문이다.

내 고향은 인천시 연수동延壽洞이다. 인천시에 끼었다고는 하나 문학산 남쪽자락을 지긋이 깔고 앉아 서해와 면해 있는 시골동네, 옛 이름은 머느금이다. 서울에서 두 살에 내려와 열여섯 살까지 그곳에서 살며 중학교를 마쳤다. 언제인지는 모르나 같은 이름의 구區가 생기고 동洞도 여러 개로 나뉘어, 소위 개발지역이 되었다는 소식을 들은 적이 있다.

그러나 낯선 신도시 번화가에 버스가 서며 여기가 연수동이라는 말에는 아연하지 않을 수가 없었다. 연수동이면 의당 마리나 구르메기가 먼저 보여야 한다. 새탐말 머그미도 선뜻 나타나야 한다. 아낙들이 조개를 캐 이고 땅거미를 밟으며 걸어오던 갱구지 모롱이는 어디이고, 밀잠자리 쌍으로 날고 앉던 돌모루 논둑길은 어디쯤인가. 벌거숭이로 물장구치던 저수지, 달구지 타고 오르내리던 행길도 연수동엔 남아 있지 않았다. 내 환향가를 들어줄 그 어느 것도 거기엔 이미 사라지고 없었다.

그날 미망과 울분에서 나를 건진 것은 오직 문학산뿐이다. 정수리가 뭉개지고 허벅지까지 속살이 드러났을망정, 문학산은 다행히 생명을 부지하고 있었던 것이다. 인천국제공항도 좋고 송도신도시도 좋다만, 문학산을 깎아 바다를 메운다는 불길한 소식만은 제발 들려오지 않기를 빌면서 발길을 돌릴 때, 문득 시 한 절이 떠올랐다. 4학년 1년을 가르치고는 철부지들 가슴에 이별의 서러움을 진하게 남겨놓고 떠난 총각선생님이 어느 날 칠판에 짤막짤막 글을 쓰셨는데, 아직도 그 한 토막이 머리에 남아 있다.

"산아 산아 문학산아 만경창파 앞에 두고 용궁 용왕 엿보느냐."

용궁 용왕이나 엿볼 문학산이 내 고향 연수가 '목숨 연장'이라는 이름값을 못하고 비명횡사하는 꼴을 피눈물 없이 어떻게 내려다볼 수 있었으랴. 구곡간장이 다 녹았을 것이다.

그 많은 시민단체 중에 고향보존운동본부가 없는 것은 이상한 일이다. 환경부에는 어째서 고향보존과가 없을까. 사람들의 심성이 날로 그악해진다고 야단인데 고향의 파괴와 연관이 있는지를 연구하지 않는 학자들도 못마땅하기는 마찬가지다.

헤어진 첫 연인을 일부러 안 만나는 사람은 비정한 인간이 아니라 오히려 사랑을 고이 간직하고 싶어하는 참 로맨티시스트라는 생각도 함께 지니는 요즈음이다.

그 날 이후, 고향얘기로 화제를 삼아 본 적이 없다. 나도 맏이도.

(2001)

아버지, 그들은 누구인가

아버지, 그들은 누구인가.

일찍이 한반도에서 태를 가르고, 이제는 남미 아르헨티나 땅에 가솔家率을 풀어, 길게는 30년까지 고단한 타국생활을 하고 있는 아버지라는 이름의 남자, 그들은 누구인가.

축 처진 어깨에 유행 지난 잠바를 걸치고 터덜터덜 백구[1]를 오가는 그들은 누구인가. 검정 볼사[2]를 두 손에 들고 희끗희끗한 머리칼을 헝크린 채 온세[3]와 아베자네다[4]를 종종걸음으로 누비고 있는 그들은 누구인가. 거미줄 엉킨 꼬세르[5]방에서

1) 백구 : 한인들끼리 부르는 부에노스 아이레스의 한인촌 이름.
2) 볼사(Bolsa) : 비닐봉지.
3) 온세(Once) : 부에노스 아이레스의 종합 도매시장. 한인 옷 가게가 많음.
4) 아베자네다(Avellaneda) : 부에노스 아이레스의 거리 이름. 옷 도매시장이 있음. 한인 옷 가게가 많음.
5) 꼬세르(Coser): 바느질.

미싱바늘의 귀를 찾느라 안경 낀 두 눈을 더 가늘게 뜨고 있는 그들은 누구인가. 찬바람 몰아치는 훼리아[6] 바닥에서 온종일 흙먼지를 뒤집어쓰고 있는 그들은 누구인가. 때로 고된 이민생활이 모두 아버지 때문이라는 원망을 들어도 그저 허공을 향해 담배연기를 뿜으며 가슴을 다스리는 그들은 누구인가.

자식을 앞세우지 않으면 이민청도, 연방경찰서도, 자동차면허시험장도 갈 수 없는 남자. 학부모 자격으로 학교에라도 가는 날이면 꾸어다 놓은 보릿자루가 되어 우두망찰하다 돌아와야 하는 남자. 차를 몰다가 경찰의 검문을 받으면 우선 돈부터 꺼내야 하는 남자. 그들은 환생한 심봉사들인가, 호흡하는 장승들인가, 영원한 범법자들인가.

세상이 떠들썩한 패륜아의 소식에도 감히 욕 한 마디 하기가 주저로운 아버지. 누구의 자식은 어떻게 성공했다는 소문도 애써 못들은 체 해야 하는 아버지. 그들은 도대체 누구인가.

8 · 15와 6 · 25, 4 · 19와 5 · 16의 격동을 겪었고, 서슬 퍼런 이념의 시대를 살았으며, 절대식량이 부족했던 곤궁의 시절을 견디어 온 주인공들이 그들 아닌가. 가정을 세운 가장, 자식을 키워 온 엄부, 조국을 지킨 용사, 산업을 일으킨 역군이 그들 아닌가. 인생을 고뇌하고 사랑을 아파했으며, 낭만을 즐기고 유행에 민감했던 주인공들이 그들 아닌가.

그들은 배워야 산다는 일념에 충실했고, 시간이 금이라는

---

6) 훼리아(Feria) : 비 상설 시장.

진리 따라 일을 했다. 그들에게 가난 극복은 제일의 명제였고, 자녀 성공은 가장 큰 소망이었다.

아버지, 오늘의 그들은 과연 누구인가.

위로 치켜 찢어진 두 눈과 납작한 코를 부끄러워 아니하고, 우랄 알타이어의 한 갈래를 유감없이 구사하며, 한국학교 세우기에 열심을 내는 그들은 당당한 배달의 후손이다. 김치를 먹어야 입맛이 당기고, '전원일기'를 시청해야 감정이 살아나며, 흘러간 노래를 불러야 향수가 달래지는 그들은 엄연한 단군의 핏줄이다.

그들은 한 잔 술에 취하여 과거를 잊으려 하고, 물가에 낚시를 드려 현실에 자적自適하기를 배우며, 골프장 그린에 그려지는 포물선을 따라 미래를 설계하고 싶은 한인 1세들이다. 그들은 이민을 결심했을 때 이미 웅비의 기상과 도전의 의지가 남달랐던 선견지명의 세계인이다.

아버지, 그들은 어떤 사람인가.

어머니가 희생으로 사는 사람이라면 아버지는 책임으로 사는 사람이다. 어머니가 자애의 상징이라면 아버지는 위엄의 표상이다. 자식을 감싸는 것이 어머니의 애틋한 정이라면 자식을 초달楚撻하는 것은 아버지의 도타운 마음이다. 자식의 오늘 걱정이 어머니의 몫이라면 자식의 내일 염려는 아버지의 분깃이다. 눈물이 어머니 사랑의 진액津液이라면 훈계는 아버지 애정의 정수精髓이다.

아버지, 그들은 누구인가.

삶은 있으나 생기가 메마른 그들은 누구인가. 호칭은 있으나 권위는 전만 못한 그들은 누구인가. 생업은 있으나 그 주역에서 멀어진 그들은 누구인가.

아내의 역할이 커지고 자녀가 앞장서야 하는 이민가정 속에서 그들의 자리는 어디에 남아있는가. 사회보장이 제도화되지 못한 아르헨티나 이민사회에서 그들의 장래는 어떻게 될 것인가. 30년 이민사에 그들의 족적은 어떤 모양으로 새겨질 것인가.

아버지날이 다가온다. 그러나 아르헨티나의 6월은 그들이 견디기에는 너무 추운 계절이다.

(1995)

어머니날의 사모곡

어머니는 4년 전에 돌아가셨다. 내가 이민 가방을 싸 들고 다시 슬하를 떠나 온 그 해 겨울, 몹시 추웠다는 세모歲募에 서울에서 돌아가셨다.

어머니의 운명을 전하는 동생의 전화 음성은 의외로 담담했다. 형 때문에 어머니의 상심이 크셨다든지, 어머니가 형의 이름을 부르다가 눈을 감으셨다든지 하는 말을 애써 생략하는 어감이 역력했다.

무슨 말을 어떻게 하고 전화를 끊었는지 모른다. 눈앞이 노랗게 물들면서 하늘이 빙빙 돌고 있었다. 그 순간, 나는 한국 전체가 텅 비는 것을 보았다.

체소하신 어머니가 언제 그렇게 한국 땅을 온통 점유하고 계셨던가. 어머니는 내게 효도할 수 있는 기회 대신 빈 공간의 한국을 마음속에 남겨 주시고는 일기 79세로 한 많은 이생을 마감하셨나.

한 번의 생이별도 참척慘慽 같은 아픔이셨거든, 역 이민 두 해를 억지로 채우고는 이골난 역마직성처럼 훌 훌 떠나가버린 명색 큰아들이 밉고 원망스러워 어떻게 눈을 감으셨을까.

그 해 3월 중순이었다. 시골에 계신 어머니를 찾아가 내일 다시 아르헨티나로 가겠다는 하직 인사를 드렸다. 평소 감정의 절제가 능하신 어머니는 그날도 그냥 평범한 어조로 "가서 잘살아라." 분부만 하셨다.

점심은 어머니가 손수 지어 주셨다. 평생토록 여일하신 어머니의 음식 솜씨는 그 깔끔하고 칼칼함이 그날 따라 더욱 일품이었다. 유별난 아들의 식성을 잊지 않으시고, 비장의 새우젓에다 갖은 고명을 얹어 따로 들고 들어오셨다.

짭짤하면서도 개운했던 그 새우젓이 내가 먹은 어머니의 마지막 요리가 될 줄이야.

조금만 걸어도 숨이 차신 어머니가 마을 끝 다리 위로 사라지는 아들을 보려고 집 모퉁이로 돌아 나오셨다. 차마 그 어머니를 뵙기가 송구스러워 머뭇거리던 아들이 발길을 멈추고 돌아섰을 때, 어머니의 좁은 어깨는 몹시 흔들리고 있었다.

내 망막에 새겨진 어머니의 마지막 모습은 불행하게도 내가 연출을 담당한 셈이 되었다.

나는 아르헨티나로 왔고 어머니는 서울 둘째 아들네로 거처를 옮기셨다. 추석이 지난 후 어머니의 환후患候가 무거워지셨다는 전갈을 듣고 전화를 드렸다. 그러나 어머니는 이미 예전의 어머니가 아니셨다. 음성은 힘이 없었고, 발음도 정확지 않으셨다. "아이들은 잘 있느냐? 어멈은 아프지 않느냐? 내 걱정은 말고 잘 살아라…." 아직도 귓 속에 고여있는 어머니의 이 말씀이 내게 주신 유언이 되었다.

세월이란 정말 유행가 가사처럼 약인가 보다. 시간이 지나면서 어머니를 잃은 애통의 농도는 묽어지고, 한국은 다시 예전의 형상으로 뇌리에 살아나고 있다. 어느새 나는 어머니를 까맣게 잊고 처자식과 함께 이민살이 생존경쟁에만 몰두하는 망각의 동물로 변해버렸다.

그래도 때로 까라보보 거리를 거닐다 거기서 많은 동포 어머니들의 자식 그리워하는 눈빛을 발견하고는 문득 돌아가신 내 어머니를 연상한다. 그런 날이면 두부처럼 연한 아사도[7]를 먹으면서도 나는 곧잘 명치끝이 뻐근하다. 잘 발린 생선을 먹으면서도 나는 자꾸 가시에 찔린다.

어머니는 토란국을 좋아하셨다. 아릿하며 저분저분한 토란에서는 어머니의 체취가 물씬 풍긴다. 내게 있어 토란국은 어머니의 성체요, 성수다. 어머니는 말년에 텔레비전 보시기로 소일하셨다. 연속극도 팬이었지만, 전국 노래자랑 프로는 정말 전국 제일의 시청자이셨다. 혹 고국의 비디오를 트는 날이면,

7) 아사도(Asado) : 숯불갈비 구이.

나는 21인치 화면을 가득 채우는 어머니의 얼굴을 먼저 본다.

며칠 있으면 아르헨티나의 어머니날이다. 가족들은 어머니날 장사 대목을 보려고 벌써부터 바쁘다. 그러나 나는 식구들 속에서 혼자 외로움을 느낀다. 장사를 잘해서 많은 돈을 챙겨도 대견해 할 어머니가 안 계시기 때문이다. 카네이션 한 송이 달아드릴 어머니가 안 계시면 그 아들은 재물이 많아도 가난뱅이요, 찾아뵈올 어머니가 안 계신 자식은 나이를 먹고 가솔家率이 달려도 고아나 다름없다는 생각이 나를 외롭게 한다.

부모의 정을 젊어서 깨닫는 이는 참으로 천리天理를 터득한 사람이요, 부모생전에 효도를 다하는 이는 정말로 인륜을 지키는 사람이다. 그러나 거기에는 아예 미치지도 못하면서 자식들로부터 어엿이 어버이 대접을 잘 받으며 살고 있는 것은 오로지 섭리자의 관용이 아니고 무엇이랴.

바람에 불리는 낙엽처럼 여기까지 날려와 반백을 넘긴 나이로 이제야 애절한 사모곡을 부른들, 이 넓은 천지에 그 누가 있어 이 불효의 탈을 벗겨줄 것인가.

오늘도 어머니 선물로 옷을 사가는 이들은 모두 행복에 겨운 표정들이다. 그러나 나의 어머니날이란, 오로지 옷을 팔기에 바쁜 한 주간의 일부일 뿐이어서 그것이 슬프다.

(1997)

우진이

손자의 이름은 두 개이다. 우진이는 내가 지어 준 한국 이름이고, 빠블로 아드리안(Pablo Adrian)은 아들과 며느리가 고른 아르헨티나 이름이다.

아르헨티나 이름이 골라지기까지는 작은 실랑이가 없지 않았다. 아르헨티나는 법으로 정해진 이름이 따로 명시되어 있어, 그 중에서 고른 이름이어야 출생신고가 가능하다. 이민 경력 10여 년임에도 그것에 무지했던 나는, 반드시 우진이로 신고해야 된다고 우기다가, 아들 내외의 자세한 설명을 듣고서야 이름조차 맘대로 못 짓는 별 희한한 나라가 다 있다고 투덜대면서, 내 주장을 철회하고 말았던 것이다.

막내딸이 스물을 넘긴 발랄한 성년이 되었으니, 우진이의 탄생은 실로 20여 년 만에 찾아온 우리 집의 경사다.

뿌에이레돈 길에 있는 스위스 병원 7층 산모 방에서 손자와 나는 첫 상면을 했다. 생후 15시간쯤 되어서다.

머리통이 유난히 길게 보였다. 울긋불긋한 피부는 굵은 주름으로 밀리고, 얼굴에는 아직 부기가 남아 부석부석했다. 이민후손의 보신이 몹시 걱정스러웠던가 보다. 항문 부근에 숨어있는 몽고반점은 색깔마저 바래있어 찾느라 애를 먹었다.

팔찌에 적힌 이름이 빠블로다. 몇 년 후, 자기 이름은 우진이가 아니라 빠블로라고 우길 것이 눈에 선히 떠올랐다. 여기가 아르헨티나이고, 손자가 아르헨티나 시민권자임을 생각하면서 져주는 척 억지로 감정을 누그러뜨렸다.

이틀 만에 집으로 온 우진이를 둘러싸고 식구들이 저마다 입을 벌린다. 아범을 쏙 뺐다느니, 어멈을 찍어냈다느니에서 시작되어 할머니를 닮았다, 할아버지의 상이다, 여전 삼촌이다, 영락없는 고모 어릴 적이다, 아니다 외탁을 했다 등등 중구난방이 한동안 그치지 않는다. 나는 속으로 내 다섯 살 때 사진의 얼굴과 너무 흡사하다는 생각을 혼자 굳혔다.

우리 식구들의 모습은 대체로 두 형태다. 나와 둘째 아들과 갓난 우진이가 그 한 갈래요, 아내와 큰아들과 막내딸이 또 한 가닥이다. 나의 계열은 얼굴 생김생김이 가름한 편이면서 오종종하고 아내의 계통은 둥글넓적하면서 훤하다. 성격도 판이하다. 나와 둘째 아들은 너무 두름성이 없고, 아내 쪽은 약간 희떱다. 고로 나는 우진이가 넉살도 좋고 언죽번죽이 있는 배포 큰 남자가 되기를 은근히 바라고 있다.

식구들이 내 견해에 별다른 이의를 제기하지는 않으나, 손자가 날 닮아서 아주 미남이라는 내 허풍에는 아내의 비쭉거림이 즉각 뒤따른다.

"가만이나 계슈, 중간이나 가게."

머쓱해진 나를 보면서도 아내는 쥐정신이다. 대뜸 자기를 닮아야 착한 사람이 된다고 의연毅然을 떤다. 나도 좀이 쑤셔서 가만히 있을 수가 없다.

"착한 사람이 다 죽었나 보다."

이러면서 콧방귀를 뀌어 주어야 직성이 풀린다. 이런 때, 비아냥은 너무 좋은 율법이다.

한 달이 가까워지자 내가 보기에 그것은 배냇짓이 분명함에도 어멈은 우진이가 웃는다며 수선이고, 아범은 덩달아 불출이처럼 싱글벙글한다. 태권도 품새로 두 손을 모았다는 둥, 음악소리를 듣고 울음을 뚝 그쳤다는 둥, 손자는 매일매일 화제를 지어내기에 말없이 바쁘다.

우리 집의 뉴스거리는 헐떡대는 이 나라의 불경기가 아니다. 역사적이라는 고국의 전직 대통령 재판도 아니다. 마라도나의 스캔들도 손자의 하품만 못하고, 왁작대는 교민회장 선거전도 손자의 눈곱보다 비중이 적다. 손자의 울음소리가 특종이 되고, 손자의 대변 색이 호외감이 되는 미니 나라가 우리 집이다. 손자에 관하여라면, 빤한 거짓말일망정 골계滑稽와 덕담德談으로 승화되는 대국이 우리 집이다. 우리 집에는 보도자료가 따로 없다. 보도 관세도 절대 없다. 따라서 윤리위원회도 존재하지 않는다.

아내의 호들갑이 부쩍 늘어난 것은 달포가 지나면서부터다.

"우진이가 말을 해요."

"벌써 무슨 말을 해?"

"보실래요?"

"……."

시큰둥한 나를 아랑곳없이 자못 의기양양한 자세로 손자를 안은 아내는, 여봐란 듯 "우진아—."를 길게 뺀다. 손자는 입술을 오물오물 움직일 뿐이다. 아내의 통변이 가관이다. 그것이 왈, "네, 할머니."라는 것이다.

당치않아 하면서도 어느새 내 목청이 "우진아—."를 흉내낸다. 그런데 참으로 모를 일이다. 내 귀가 분명 "할아버지 부르셨어요?"를 들은 것만 같다. 한 번 더 반복한다. 마찬가지다. 또 한 번 불러본다. 역시 그렇게 들린다. 아내 보기가 쑥스러워 얼른 손자의 볼에 입술을 댄다. 소사 수밀도다. 젖내 살내가 천마산 더덕향이다.

"우진이가 예뻐요? 내가 예뻐요?"

막내딸이 옆에 있다가 느닷없이 물어온다. 개염이 난 표정이다. 비교해 본 적이 없으면서도, 네가 더 예쁘다는 말을 얼른 했지만, 만약 우진이가 되묻는다면 그 말은 외교적 언사요, 사교적 발언이었다고 얼버무릴 참이다.

막내딸의 고모 노릇은 기특하다. 아침에 일어나면 쿵쿵쿵 조카 방으로 내달리고, 저녁에 귀가하면 조카 문안이 예의롭다. 내게는 생략하기 일쑤인 혼정신성昏定晨省을 조카에게는 어김없이 실행한다. "아이구 못난 우리 우진이."는 입에 붙었다. 그때마다 나와 아내의 통은 재빠른 이중창을 이룬다.

"못나기는 누가 못나? 네가 못났지."

그래도 막내딸의 고모 노릇은 미쁘고 대견스럽기만 하다.

나른한 고요가 햇살 든 창가에 아른거린다. 오늘은 토요일, 그리고 오후다. 아들과 며느리는 시장엘 갔고 막내딸은 친구 만난다며 허둥지둥 밖으로 나갔다. 양념내가 집안에 진동하는 것을 보니, 아내는 부엌에서 김치를 담고 있는 모양이다. 나는 손자를 유모차에 태웠다.

"우진이는 한국 가요, 붕붕 타고 한국 가요. 여기는 남산, 저기는 한강…."

내 사설 두어 마디에 벌써 손자는 하품을 한다. 얼굴엔 졸음이 스멀스멀 기어다니고.

문득 엊저녁 생각이 난다. 아들이 내 앞에 무엇을 내놓았다. 우진이의 도꾸멘또(Documento 시민권수첩)다. 거기 이렇게 씌어 있었다.

이름, 초이 빠블로 아드리안. 국적, 아르헨티나. 시민권번호 39774784. 생년월일, 1996. 9. 24.

나는 잠든 우진이의 얼굴을 물끄러미 내려다본다. 누런 살색, 납작한 코가 너무 또렷하지 않은가. 그 순간,

"빠블로? 빠블로는 절대 아니다!"

내 입에서 저절로 흘러나온 말이다.

(1997)

유초신지곡

"누가 부른 듯이 고집세우고 오더니…."

아침 일찍 옷 보따리를 들고 문을 나서는 나에게, 내심 언짢음이 치밀어 넋두리처럼 중얼대던 아내의 말이 아직도 귓가에 쟁쟁하다. 그 말을 뇌까리며 들짐승 제 굴 찾듯 귀가에 바쁜 내 얼굴에 하얀 달빛이 차갑게 와 닿는다.

달빛에 끌리어 허공을 쳐다본다. 달 주위로 뭉실 구름이 한가롭게 흐른다. 수줍어 달은 숨고 짓궂어 구름은 비키고… 괴괴한 밤하늘, 요요寥寥한 순간에 달빛을 타고 내리는 귀 익은 소리. 녹성綠星 김성진金星振 옹의 유초신지곡柳初新之曲, 그 유장한 천상의 가락이 들려온다.

1960년대는 취직이 어려웠다. 내가 간신히 자리를 얻은 곳, 거기 우리 음악은 이끼 낀 역사를 부둥켜안고, 급변하는 시대와 외면하는 인심도 아랑곳없이 자신을 지키느라 매일 안간힘을 쓰고 있었다.

녹성의 쌍골죽 젓대 소리를 처음 들은 것은 취직 다음 날이었다. 복두幞頭와 홍주의紅周衣와 목화木靴로 차림한 그의 다소곳한 독주 모습은 흡사 왕조 악공의 조신함이었으나, 젓대 소리는 그저 길고 느리고 따분하게 들릴 뿐이었다.

그날 이후, 나는 많은 명인 명창들의 기악과 창을 듣고 또 들었다. 그러나 세속적 계산에만 밝았던 나는, 소리는 들어도 율律을 알지 못했으며, 가락은 들어도 흥을 느끼지 못했다.

하물며, 그 깊고 깊은 영감의 소리야 어찌 어림인들 했겠는가.

가얏고가 자지러지게 휘모리장단으로 숨을 죽여도 거기에 빨려들지 못했던 생무지였다. 아쟁의 한 많은 목메임에도 마음이 아픈 적이 없었던 돌부처였다. 창덕궁 용마루를 타고 도는 율려律呂며, 종묘宗廟의 사직 혼백을 위무하는 예악禮藥에 이르러는 언감생심焉敢生心의 무지렁이였다.

술대가 용현龍絃을 때려 검은 두루미를 춤추게 했대도, 엷은 갈청이 입김에 떨어 성난 동해를 잠재웠대도, 그것은 내게 하찮은 미개의 소리였다.

강산도 변한다는 세월이 지나고, 만리타국 장안의 인적 드문 변두리 길을 터덜터덜 걷고 있는 이 달밤, 환청일 시 분명한 저 젓대 소리는 지루하지도 답답하지도 않으니 무슨 이유인가. 오직 선계仙界의 음악으로 내 마음을 두드리니 어인 일인가.

인간의 행복은 매일의 생활 속에서 작은 일로부터 시작된다고 벤자민 프랑클린은 말했다. 여기에다 아내의 푸념을 보태면 나는 지금 벌을 받고 있는 폭이다. 행복을 행복으로 알지 못하는 자에게 내려지는 벌을. 그렇다면 지금의 이민생활을 불만스러워하는 것도 이 다음 어느 때에는 분명 가중처벌의 조항이 될 것 아닌가.

소를 잃어야 외양간을 고치는 것이 인간이다. 그리고 내일을 포기하지 못하는 욕심을 희망이라고 말하는 것이 인생이다. 달과 구름의 밉지 않은 짓거리를 쳐다보며 지난날을 그리는 한 이민은, 그래서 행복의 조건을 주섬주섬 손꼽는 철부지가 된다.

때로 잔물결이 일어도, 된장찌개 한 그릇에 여섯 숟가락을 같이 넣을 수 있음은 행복이다. 쌀밥과 아사도[1], 김치와 엔살라다[2]를 함께 먹을 수 있음도 행복이다.

바느질꾼 시인, 장사꾼 수필가를 만날 수 있으니 얼마나 좋은가.

어슴새벽을 환호하는 새들의 노랫소리를 들을 때, 찬비를 맞고, 하룻밤 사이에 돋아난 연초록 새 싹을 볼 때 세상 근심은 사라져버린다.

모국어로 글을 쓰면 온몸에 더운 기운이 휘돈다.

---

1) 아사도(Asado) : 숯불 갈비구이.
2) 엔살라다(Ensalada) : 샐러드.

모국어로 책을 읽으면 아르헨티나는 어느새 저 동방 아침의 나라 대한민국이 되이 버린다.

오늘밤엔 아무리 고단해도 카세트 테잎을 틀으리라, 그리고 녹성의 대금大金독주, 그 유초신지곡을 들으리라.

대문을 여는 내 손이 전에 없이 재빠르다.

(1995)

주변머리 없는 남자

요 몇 해는 거르지 않고 여행을 했다. 97년에는 칠레를, 98년에는 아르헨티나의 자랑거리 빼리또 모레노(속칭 얼음산)와 이과수폭포를 보았다. 한국과 브라질은 작년에 방문했고, 안데스산맥 속의 세계적 선경인 바릴로체와 에스겔 국립공원 등은 올 1월에 다녀온 관광 코스다.

얼핏, 대단한 여행광이로구나 생각할 사람이 있을 법하다. 그러나 나를 익히 아는 이라면 그런 단정을 쉽게 내리지 않을 것으로 안다. 자작으로는 백 킬로 밖을 나가기도 힘든 위인임을 너무 잘 알고 있겠기에 하는 말이다. 나는 자식들과 친지들의 성화에 못 이겨 허울좋은 여행광 노릇을 한 것뿐이다.

그것은 그렇다 치더라도, 내가 중요하게 여기는 것은 대부분의 여정이 아내와의 동행이었다는 사실이다. 밀리고 끌린 여행이었을망정, 올까지는 아내의 소망을 충족시켜 주었으니 이보다 다행스러운 일은 다시 없을 것이다.

해마다 여름철이 다가오면 아내는 눈치꾼으로 변해 버린다. 남편의 휴가 계획 발표를 기다리다가 지치면, 당신은 도대체 무슨 취미로 사느냐고 다그치는 것도 바로 휴가철이다. 유구무언으로 대처하기가 삼복더위를 견디기보다 더 힘들었던 여름들은 생각만 해도 진땀이 날 만큼 길고 지루했다.

아내가 읽으면 실색할 글이 되어 버렸다. 화는 피하는 것이 상책이라지 않던가. 빨리 내 주변머리를 이실직고하는 것도 아내의 심기를 달래는 한 방편이 될 듯하다.

혹 누가, "테니스 치시지요?" 물을라치면 "칠 줄 모릅니다." 하고, "건강엔 골프가 제일입니다." 라고 권해 오면 "시간을 너무 뺏겨서요." "볼링장에 갑시다." 하면 "글쎄요…." 이러면서 뒤통수만 긁기를 이민 와서만도 어언 15년째다. 그래도 이 정도면 그럴 수 있겠다고 동의할 사람이 없지 않을 줄 안다. 운동과 담을 쌓은 아낙 군수가 세상에 어디 한둘이던가.

그런데 낚시는 지루해 못하고, 바둑은 골치 아파 안 하고, 노래는 음치라 못 부르고, 고스톱은 민화투 수준이니 낄 수 없고, 술은 입다심이 고작이고, 빙고나 카지노는 감히 엄두를 못내고…. 얘기가 이쯤에 이르면 대부분의 사람들은 내 아내에게 측은지심을 내보이며 동정표를 무더기로 던지겠고, 나를 향해서는 눈살을 있는 대로 찌푸리며 혀를 찰 것이 불을 보듯 뻔하다.

"에끼, 이 지지리도 못난 사람 같으니라구."

이 지지리도 못난 사람은 남미의 파리, 부에노스 아이레스에 살면서도 자동차 운전을 할 줄 모르고, 21세기의 필수품이라는 컴퓨터를 보면 지레 겁부터 내며 물러선다. 그러자니 염치없이 남의 차에 엉덩이를 들이밀기 일쑤고, 인터넷 어쩌구엔 하릴없이 먼 산 바라기가 되고 만다. 두꺼비집을 자신 있게 열어 보았을까, 수도꼭지의 누수를 제대로 막아 보았을까, 담벼락에 못 하나 박을 줄 모르는 손방 소리를 되레 귀에 못이 박히도록 들으면서도, 개전의 정은 눈곱만치도 없는 작자를 누가 나서서 편들어 주겠는가.

돌아가며 노래를 부르던 어느 모임에서 꽁무니를 빼는 내게 옆 사람이 귓속말로 이렇게 충고해 준 적이 있다. "유행가를 더도 말고 두 곡만 연습해 두면 대번에 가수 소리를 듣습니다." 구미가 당겼다. 빈 방에서 몰래 가요를 연습했음은 물론이다. "어쩌다 생각이 나겠지요…." "너무나도 그 님을 사랑했기에…." 그러나 결과는 "땡." 모처럼 노래방에 갈 기회가 생겨 들어가자마자 호쾌하게 마이크를 잡은 것까지는 제법 남자다웠는데, 음정과 박자를 못 맞춘 것은 고사하고 자막으로 나오는 가사마저 더듬거려 망신만 톡톡히 당하고 말았기 때문이다. 그때 내 머리를 스친 것은 뱁새와 황새 운운의 속담이었다.

그러고 보니 가랑이가 찢어진 뱁새들이 교민 사회에도 적지 않은 모양이다. 이혼당한 노름꾼과 가정불화를 자초한 낚시광의 소문이 심심치 않게 들려온다. 더구나 누구누구가 카지노에서 거액을 날렸다는 믿기 어려운 얘기도 부에노스 아이레스에 선상 카지노가 생긴 후 끊이지 않고 나도는 실정이다. 그때마다 우리 가정의 평온(?)이 주변머리 없다는 이 남편의 공이 아니냐며 생색이라도 내고 싶지만, 오래 전에 보았던 만화가 떠올라 그만두곤 한다.

남자가 하도 못난 짓만 골라서 하니까, 여자가 토라지면서 내뱉는 말이 "당신은 말 못할 사람이에요." 그러나 "말 못할"을 "말 못 탈"로 알아들은 남자가 대답하기를, "저는 말만 못 타는 것이 아니고 실은 소도 못 탑니다." 뒤로 자빠지는 여자의 그림이 마지막 컷이었다. 내 아내의 심정이 저럴까 싶기도 하는 것은, 주변머리가 없다는 말은 들을지라도 아직 푼수 취급은 안받겠다는 심층심리의 발로인지 모를 일이다.

나는 정말 주변머리가 없는 남자인가. 아이러니컬하게도 나를 구원해 준 사람은 아내라고 생각한다. 아내는 가끔 이렇게 말하기를 마지 않는다.

"저런 주변머리 없는 남자가 어떻게 이민은 오자고 했는지 모르겠네."

내 귀에는 이 말이, 대붕의 큰 뜻을 도무지 헤아릴 수 없다는 참새의 솔직한 고백처럼 들리는 것이다. 암, 이민은 아무나 오는 것이 아니지. 아니구말구.

이 먼 곳까지 데리고 와서 왜 고생을 시키느냐는 토가 달리든 말든, 또 대붕 좋아하시네 라는 비아냥이 들리든 말든, 나는 그렇게 믿고만 싶은 것이다.

(2000)

콩나물국을 먹다가

큰아들과 저녁상을 받았다.

콩나물국에서 더운 김이 피어오른다. 고춧가루를 듬뿍 탔다. 코를 훌쩍거리며 국물을 떠 마시고 건더기도 어적어적 씹어 삼켰다. 요 며칠 나는 감기에 시달리고 있는 중이다.

서울에 가면, 거기서는 어떤 음식을 먹느냐는 질문을 종종 받는다. 한식은 아예 구경도 못하리라는 전제가 생략된 질문이다. 하긴 나도 아르헨티나에서 끼니 때마다 밥과 김치를 먹으리라고는 상상도 못하고 이민을 왔다. 감기에 콩나물국을 일부러 끓여 먹을 정도라면 못 미더워 할 사람도 꽤나 많을 것 같다.

"아, 시원하다."

얼른 고개를 들어 아들의 얼굴을 건너다보았다. 아비 앞에서 본데없구나 싶기도 했지만, 그 생각은 잠깐이고 어쩌면 그렇게도 제 할아버지 어투를 꼭 빼었을까에 정신이 몽땅 몰수를 당했기 때문이다.

아버지도 콩나물국이나 무국을 드실 때는 "아, 국물 한 번 시원하다."소리를 빼놓지 않으셨다. 뜨거운 것을 왜 시원하다고 하시는지 어려서는 도무지 이해가 안 되었는데, 세월이 흘러 그렇게밖에는 달리 표현할 말이 없다는 것을 알게 될 때쯤, 아버지는 저 세상으로 가셨다. 큰아들도 이제는 아비인 나를 이해할 나이가 되었다는 말인가.

뜨거운 국물을 먹어서인지 아들의 얼굴이 벌그무레하다. 그 위로 아버지의 창백한 얼굴이 일렁거린다.

청솔 타는 저녁연기가 초가 마을을 뒤덮고 있었다. 나는 신작로에서 친구들과 자치기를 하다가 긴 그림자를 앞세우고 주춤주춤 걸어오시는 아버지를 보았다. 땀에 젖은 얼굴은 핏기가 없었고, 등에 매달려 있는 보따리는 무척 무거워 보였다. 집에 가서야 알았지만 그것은 콩나물 자루였다.

내 나이 열두 살, 북쪽에서는 아직도 포성이 그치지 않던 수복 직후 어느 가을날에 생긴 일이다.

전쟁 중임에도 인륜대사는 어쩔 수 없었던지, 아랫마을에 혼인 잔치가 들었다는 소문이 나돌았다. 근동 길흉사에 우리 집에서는 절편을 만들거나 두부를 만들거나 콩나물을 길러서 머슴 지게에 지워 보내는 것으로 축의를 삼아왔다. 조석거리조차 귀해진 난리통에 그런 격식은 감히 생각할 수도 없었고, 머슴 김서방도 제 길 찾아 이미 떠나버리고 말았으니…. 잔칫날이 내일로 다가왔다. 아버지는 작심하고 이십 리 길 시내로 발걸음을 재촉하셨던 것이다.

지금이니까 대충 이렇게 추리를 한다. 그때는 몰랐다. 부조거리를 장만하기까지의 경제적 고충도, 콩나물 자루를 멜 수밖에 없었던 난감한 처지도 알지 못했다. 중절모와 두루마기 차림이 아닌 아버지의 추레한 입성을 보고도 아무 느낌이 없던 철부지였다.

어느 때부터인지 그날의 아버지 행색은 선명한 영상으로 되살아나 가슴을 아리게 했다. 철이 든다는 것은 양친을 연민의 대상으로 본다는 것과 다르지 않음을 나는 그 후에야 깨닫게 되었다.

6 · 25는 우리집을 몰락시켰다. 동란을 분기점으로 아버지는 햇볕 못 보는 여생을 시들시들 보내다가 쓸쓸히 생을 접으셨다.

아버지는 무학이시다. 성냥개비로 산算을 놓으셨고, 이른바 진서 앞에서는 무척 답답해 하셨다. 신식 학교에 나오라며 관리들이 동네로 찾아오면 콩밭에 들어가 숨을 만큼 어둡던 시대. 어두운 가정에서 성장한 탓이리라. 그러나 사업 수완만은 남다르셨던 모양이다. 농사는 아예 머슴에게 맡기고, 건축 청부업과 집 장사로 대처를 휘도셨다.

유전은 큰아들에게로 건너뛰었다. 긍정적인 사고와 새 일거리에 대한 겁 없는 추진력이 당신 손자에게 고스란히 옮겨져 있는 것이다. 물론 혈족에 쏟는 너그러운 마음씨도 조손祖孫은 서로 기울지 않는다.

나는 징검다리 노릇만 한 셈이다. 그나마도 서울 태생에 갯가 성장 아니랄까 봐 그다지도 배리고 짠 티를 내느냐는 놀림을 받아 가면서. 하지만 오직 한 가지, 팔도강산은 물론이고 만주 구석구석까지 닿았던 아버지의 방랑벽만은 의외로 내게 도져 버렸다. 아르헨티나로 이민을 온 핑계가 골백 가지라도 이보다 더 명확한 이유는 다시 없을 테니까 말이다.

"아버지, 더운 국물 더 드시지요."

내 국그릇이 바닥난 것을 본 아들은 단지 이 말을 했을 뿐이다. 그런데 이번에는 내 고개가 들어지지를 않는다. 나는 아버지에게 무엇 하나 곰살갑게 권해 드린 적이 없다는 생각이 고개를 무겁게 짓누르는 것이다.

열은 오르지 않는데 얼굴은 자꾸만 달아올랐다.

(2002)

두려운 마음으로

"관객을 감격시키는 연극은 쉬워도, 감동시키는 연극은 쉽지 않다."

한참 전이다. 연극인 K씨의 글에서 일본 연극 연출가 세끼야의 말이라는 이 구절을 읽었다.

처음에는 별 생각 없이 지나쳤으나, 무언가 켕기는 것이 있어 뒤돌아 '관객'을 '독자'로, '연극'을 '글'로 대체해 보았다. 아니나 다를까. 글을 쓴답시고 종이만 축내고 있는 나를 한껏 부끄럽게 만드는 경구로 단박 바뀌어 버리는 것이었다. 그 글 전체의 내용은 감동의 연극이라야 공연의 의미가 있다는 것이었고, 감격은 즉흥적인 느낌의 현상이고, 감동은 느낌 후에 따르는 변화를 뜻한다고 부연되어 있었다.

그 부연을 그대로 수긍할진대, 나는 독자를 감동케 하기는 고사하고 감격조차 못 시킨 글을 겁도 없이 대들어 써 온 천둥벌거숭이인 셈이다.

나는 본래 문재文才에 둔할 뿐더러 문학수업도 남들처럼 계통 있게 받아 보지 못한 풋내기다. 게다가 소견이 빡빡하고 됨됨이가 옹졸하며, 품은 뜻마저 높고 큰 것하고는 저만큼 동안이 뜬 위인이다. 하늘로 머리 두고 하루하루 살아가는 것만도 감지덕지하고, 남들이 내놓은 길을 눈치 보며 따라만 가는데도 헉헉 숨이 차는 소인이다. 여북해 자식들의 학업을 이민 핑계로 중동무이 시켰으며, 오죽하면 집 한 칸 꾸리지 못하고 여태껏 셋집 신세를 지겠는가. 종이와 맞씨름할 바탕이 내게는 아예 없었다고 얼버무려야 속이라도 편할 것 같다.

꼴뚜기가 뛰니 망둥이도 뛴다는 곁말이 있듯이, 어느 날 무엇에 씐 듯 천방지축 글을 써 신문에 보냈다. 그것이 계기가 되어 줄곧 글 쓰는 사람 행세를 해온다. 처음 내 글이 활자를 입고 지면에 등장했을 때를 생각하면 마음은 시도 때도 없이 오색 풍선을 탄다. 지나가는 사람 아무라도 붙잡고 내 글이 신문에 실렸다는 말이 하고 싶어 입이 근질근질했던 기억도 어제 같다. 그 글을 오려서 고이 간직하고 있음은 물론, 요새도 가끔 들춰보며 대견해 하는 마음은, 첫 정의 반추 그것과 비견해도 아랫길이 절대 아니다.

너무 쉽게 글쟁이가 되어 버렸다. 이민 와서 출세한 사람 찾는다면 누구누구랄 것 없이 내가 먼저 손들어야 할 입장이

된 것은 아무리 좋게 생각해도 너무 튄 것이 아닐 수 없다. 되지 않게 감투까지 쓰고 있지 않은가. 한국의 친지가 듣는다면 만우절 얘기냐며 웃기지 마랄 것이 뻔하다. 예로부터 분수를 모르면 패가망신한다 했거늘, 맞지 않는 감투를 덜컥 받아쓰고는 한겨울임에도 진땀을 빼는 꼴이라니, 나도 우습다.

글 바람에 초면의 사람에게서도 치하를 받는 수가 종종 생긴다. "글 잘 읽었습니다." "재미있었습니다." 대충 이런 말을 듣는다. 그럴 때마다 부끄럽고 쑥스러운 듯 모들뜨기 눈을 해가며 겸양을 질질 흘리지만, 내심 솟구치는 쾌재는 활화산이나 진배없다. 그러면 그렇지, 알아보는구나! 어느 수필가는 자기 글을 읽고 칭찬하는 사람의 코 옆에 붙어있는 검은 점이 별안간 매력덩어리로 보이더라고 솔직한 고백을 했거니와, 나 또한 그에 뒤지라면 서럽다 할 판이다.

그러나 칭찬만 받고 산다면 얼마나 좋으랴만, 그렇지 않아서 나는 종종 기분이 상하고 가끔 비위가 틀린다. 어떤 이는 이기죽거린다. 또 어떤 이는 쓸까스른다. 짓궂은 친구 하나는 속을 뻔히 알면서도 만날 적마다 "사례가 짭짤하지요?"라며 놀린다. 이들의 말 속에는 네가 언제 적 글쟁이냐는 비아냥이 들어 있고, 국으로 돈벌이나 잘하라는 어깃장이 숨어 있다. 제발 주제넘은 짓 하지 말라는 직격탄이 아니어서 천만다행이다.

아예 나를 무시해버리는 이도 있고, 네 글이 뭐 별것이냐는 투로 일부러 시큰둥하고 데면데면하게 대하는 이마저 없지 않다. 그럴 적이면, 당신은 신문도 안 읽소 하고 면박을 주고도 싶고, 당신은 '마광수'만 밝히는구려 하며 종주먹을 대고도 싶은 것을 참느라 애를 먹는다.

수필이 인격과 수양의 글이란 말은 흰소리가 아니다. 속을 부글부글 끓이다가 글로 죽을 쑨 예를 대라면 열 손가락으로는 어림도 없을 것이다.

이러구러 5년이 되어온다. 없는 재주라도 치켜주면 헤벌쭉하고 몰라주면 꽁해버리는 속물심사로 일관했던 세월이다. 분수도 모르고 자기도취에 빠져 걸귀 들린 놈 초다짐하듯 허겁지겁 글을 써온 것이다.

사유의 깊이 없이 안일하게 글을 쓴 것은 글에 대한 모독을 저지른 것이고, 인격의 높이 없이 글의 높이만 탐한 것은 독자를 우롱한 것이나 다름없지 않은가.

세상은 말한다. 지도자는 많아도 감동을 주는 말 한 마디 얻어듣기 어렵고, 교육자는 많아도 감동의 가르침이 적으며, 종교인은 많아도 감동적인 삶의 모습은 찾아보기 쉽지 않다고. 그리고 인쇄물은 발에 채여도 감동의 문장일랑 아예 구우일모라고.

여기에 내 글이 세상 불감증만 더 보태고 있으니 이를 일러 문자공해라 한들 무슨 입으로 뻔뻔스럽게 변명을 늘어놓을 것인가.

오늘은 정말 두려운 마음으로 이 글을 쓴다.

(1998)

3부

백구 이야기
부룩송아지들의 울음
산책의 기쁨
새벽의 소리
아름다운 오후
오래된 사전
장미꽃 버스
제왕의 고민
한여름의 횡재

백구 이야기

아르헨티나에 백구라는 동네가 있다는 말을 처음 들은 것은 80년대 초였다. 그 즈음은 내가 서울에서 남몰래 엉뚱한 짓을 하고 있던 때다. 짬만 나면 백과사전을 펴서 아르헨티나를 이 잡듯이 훑었고, 그 쪽에 대해 뭘 안다는 이가 수소문되기만 하면 불원천리하고 찾아나서기가 일쑤였다. 샌님 소리를 듣던 나답지 않게 남몰래 이민을 준비하고 있었던 것이다. 아내는 펄쩍 뛰었다. 그러나 거기에 꺾일 내 결심이라면 애초 최고집의 야승野乘은 없었어야 옳을 일이다. 늦바람 춤바람 못지않게 내게 든 이민 바람도 어지간했다.

마침 아르헨티나의 L씨가 초청장을 갖고 나왔다. 그와 얘기 중에 백구 어쩌구 하는 말을 처음 들었다. 곧바로 부에노스 아이레스의 한인촌 이름이라 얻어들었지만, 왜 그렇게 부르는

지 캐물을 계제는 못 되었다.

우리말 같다는 느낌만으로 사전을 뒤진 것은 이민 수속이 거의 끝나갈 무렵이다. 백구가 넷이나 보였다. 나는 그 중에서 갈매기인 백구白鷗를 얼른 집었다. 그 도시가 항구라니 먼저 간 이들이 갯가에 모여 살았을 것이고, 향수에 빠질 테니 흔한 갈매기들을 벗삼아 외로움을 달래지 않았겠는가. 그래서 동네 이름을 백구라 지었겠지. 나는 이렇게 어림짐작을 해버렸다.

그러나 덥기나 배동바지 맞잡이인 2월 하순에, 이민보따리를 메고 첫발을 디딘 백구엔 갈매기는커녕 작은 물새 한 마리 얼씬대지 않았다. 그도 그럴 것이 부에노스 아이레스는 강변 도시이고 더구나 백구는 강 반대쪽 변두리 동네였으니까.

109번 시내버스 종점 지역이어서 109촌이라 하다가 백구촌이 되고, 다시 '촌'자마저 없어져 그냥 백구로 굳어졌다는 유래도 듣고 나니 허망했다. 더욱 상상하지 못했던 바가 있다. 그 허망이 이민이란 결코 낭만일 수 없다는 사실을 일깨워준 것이다. 백구는 영락없는 화두였다.

지금 백구의 중심은 원래의 지역을 벗어나 큰길인 까라보보[1] 한인촌의 중심거리에 올라 서 있다. 109번 시내버스도 없어진 지 오래다. 나도 두어 해 거기서 산 적이 있지만 이제는 백구 밖 사람이 되었다.

나는 백구엘 자주 가는 편이다. 결혼식이나 계모임이 있으

1) 까라보보(Carabobo) : 부에노스 아이레스의 거리 이름.

면 열일을 제쳐놓고라도 가고, 명분이 궁하면 하다 해 입맛이 없다는 핑계를 대고라도 동포식당을 찾아 달려간다. 미싱을 밟던 시절엔 바늘 한 쌈, 실 한 타래 때문에도 발바닥에 불이 나도록 뛰어갔던 곳이다. 만약 아내가 백구에 가서 청국장덩이를 사오라 시킨대도 선뜻 다녀올 자신이 있다. 어차피 발가벗고 뛰는 것이 이민이라고는 하지만, 다른 곳은 귀찮아서라도 쉽게 응하지 않는 성미를 감출 수 없으니, 백구에 대한 내 편벽도 보통은 넘을 성싶다.

겨울 날씨가 끄무레하면 머릿속에는 으레 백설이 흩날린다. 얼른 백구로 마음이 쏠리다가도 제풀로 쓸쓸함에 빠지는 것은, 거기도 눈이 안 내리기는 매한가지라는 생각이 퍼뜩 들기 때문이다. 공연히 비닐우산이 쓰고 싶은 충동을 받을 때가 있다. 추적추적 비가 내리는 날이다. 그런 날은 한국 물건이 오만 가지나 있어도 유독 비닐우산만은 안 보이는 백구가 느닷없이 낯선 동네로 느껴진다. 그래도 눈발을 맞으며 묵묵히 사라지고, 빗물에 젖어 말없이 떠나간 사람과 조우할 확률이 가장 높은 곳은 이 넓은 땅 위에 오직 그곳뿐이라는 믿음을 버리지 못한다.

백팔번뇌란 마음의 온갖 괴로움을 말함일 테다. 불자가 아니어서인지 나는 가끔 백구번뇌라 고쳐보며 혼자 고개를 끄덕이곤 한다. 이민살이가 백아홉 번째 번뇌로 부족함이 없다는 체험적 확신이 있어서다. 이 또한 부질없는 아상我相일 수 있으니, 이민은 이래저래 번뇌가 연분이렷다.

나와 '백구'와는 퍽 오래된 인연이 하나 있다. 해변을 따라 중학교를 다닐 때였다. 물론 갈매기가 많았지만 그 얘기는 아니다. 밀물이 뗏목처럼 엉키는 엄동에 간혹 앞서가는 어른이 담배를 피우면, 나는 종종걸음을 쳐서라도 잽싸게 붙따랐다. 얼었던 몸뚱이가 담배연기로 누글누글 녹는다는 사실을 영악하게 알고 있었기 때문이다. 그 시절 궐련이 '백구白鷗'였다. 담뱃갑 그림 갈매기는 지금도 내 소년시대를 퍼덕퍼덕 난다.

백구야 놀라지 마라 너 잡을 내 아니다
성상이 버리시니 갈 데 없어 예 왔노라
이제란 공명을 버리고 너를 좇아 놀리라

지난 여름 아내와 칠레엘 갔더니 태평양이 반가웠다. 서북쪽을 향하자 대서양에 접해 있는 아르헨티나 해안에서는 못 느꼈던 야릇한 감회가 자꾸만 마음을 울렁이게 만들어 주었다. 머리 위로는 갈매기들이 끼륵끼륵 갈마드는데, 문득 이 시조가 떠오르며 콧마루가 뜨거워지는 것이 아닌가. 누가 내밀어 지구 끝에 와 사는 신세라면 소리 질러 엉엉 울 뻔했다. 백구를 거닐며 속으로 '백구야…'를 웅얼거리는 것은 그 후에 생긴 내 버릇이다.

어떤 사람이 미국으로 재이민을 갔다가 아사도[2)] 생각도 간

절했거니와 백구가 그리워 다시 오고 말았다는 얘기를 어제 그 동네 식품점에서 들었다. 에누리가 심한 것을 모르지 않았지만 그게 무슨 대수랴 싶어 티내지 않고 웃기만 했더니, 주인은 한술 더 떠 이렇게 말하는 것이었다.

"백구는 한국보다도 더 살기 좋은 동넵니다."

오는 길에 흘러간 노래 비디오 테이프를 몇 개 빌렸다.

---

2) 아사도(Asado) : 숯불갈비 구이.

부룩송아지들의 울음

이민 1세들의 화제 속엔 자녀 문제가 약방의 감초다. 현지 교육과 뿌리 교육의 중요성이 팽팽하게 맞서는 것을 자주 경험한다. 그런가 하면 우리 자녀들이 아르헨티나 애들을 본받을까 겁이 난다며 혀를 차는 도덕가들도 많이 있다. 전에는 나도 그들에게 맞장구를 치며 바싹 끼어들기도 했지만, 요즈음은 거의 입을 다무는 편이다. 이유인즉, 부룩송아지들의 울음소리를 들었기 때문이다.

미로[1] 초입에서 살 때 생긴 일이니 서너 해는 족히 지났는가 보다. 어느 날 오후 리바다비아[2]와 미로가 만나는 어귀의 푸줏간을 돌아서 막 집 쪽으로 꺾어 드는데, 나보다 머리통

1) 미로(Mirō) : 부에노스 아이레스의 거리 이름.
2) 리바다비아(Rivadavia) : 부에노스 아이레스의 거리 이름.

하나는 더 큰 여드름쟁이 남학생이 느닷없이 앞으로 다가서더니 다짜고짜 성냥을 갖고 있느냔다.

오른손 검지와 장지 사이에 끼여있는 담배 한 개비가 보였다. 담뱃불을 달라? 생각하니 이만저만 괘씸한 게 아니다.

버르장머리 없게시리 뉘게다 담뱃불을 달래! 꽥 소리를 지르며 눈에 번개가 치도록 귀싸대기를 쳐주고 싶은 마음이 굴뚝같았지만 꾹 참고 말았다. 그것은 한국에서나 있을 법한 일이다. 영 딴 세상인 아르헨티나에서는 어림 반 푼어치도 없는 일이다. 주먹뺨은커녕 훈계 한 마디 못하고 도망치듯 피해 오자니 남의 나라에 빌붙어 살고 있다는 사실이 마냥 서글프기만 했다.

한국에서는 간혹 불량하다는 애들이 으슥한 곳에서 뻐끔뻐끔 담배를 빨다가도 어른을 만나면 이내 숨기면서 딴전을 부린다. 그 간릉이 밉살스럽기는 하다. 그래도 어른을 대접하려는 태도가 가상하여 괘씸하다는 마음까지는 들지 않았다.

손이 안으로 굽는 데서 하는 말은 절대 아니다. 여기 아이들은 뻔뻔스럽기가 양푼 밑바닥이다. 장유유서長幼有序는 아예 들어보지도 못한 씨알머리 없는 애들이다. 좀 친해져서 받자하면 제 할아버지뻘 되는 노인에게도 허투루 맞먹으려 들고, 심지어는 어깨에다 손을 얹고는 "아미고 아미고."(친구 친구) 해댄다. 말하기 좋아 문화의 차이이지, 이런 짓거리에 걸려들면 언제나 분통이 있는 대로 터져 버린다. 그러나 어쩔 수 없다. 막돼먹은 바닥으로 식솔을 끌고 온 내가 잘못이지, 봉사

개천 나무래 무엇 하나… 이러면서 비애만 짓씹을 따름이다.

푸줏간 근처에는 큰길께로 중학교가 있어 오후만 되면 수업을 파한 학생들이 그리로 우루루 모여든다. 땅바닥에 앉아서는 콜라를 병째로 돌려 마시며 노닥거리기 일쑤요, 말만 한 여학생이 장대 같은 남학생과 무릎은 맞대고 히히덕거리기도 예사다. 꼴불견 중에 꼴불견은 서로 부둥켜안고 망측스럽게 입을 맞추는 짓이다. 만인 주시리에 눈을 지긋이 내려 감고 제법 분위기를 잡는 꼬락서니라니…. 물론 담배를 꼬나물고 같잖게 어른 티를 내는 버르장머리도 수없이 보아온 터다.

이래저래 청소년들의 도덕교육 없이 아르헨티나의 미래는 암담할 것이라며 혼자 강개지심慷慨之心에 싸여 지나던 곳이 푸줏간 옆이다. 그래도 이제까지는 담뱃불을 얻겠다고 손을 내민 망나니를 만난 적이 없다. 이놈이 처음이다. 장죽을 물고 거드름 피우는 남산골 샌님이 아니라도 기가 찰 대로 찰 노릇이 아닌가. 세 살 때 먹은 송편이 울컥 넘어 올 판이다.

무시당한 체통으로 해서 푸줏간 쪽은 쳐다보기도 싫었다. 그러나 푸줏간은 말할 것도 없고, 식품점과 야채 가게까지 모두 푸줏간을 거쳐가는 방향에 몰려 있어 그 앞을 피해 갈 도리가 없는 것이 문제였다. 내가 자주 타는 시내버스도 하필이면 그 쪽 길로만 오고 간다. 오후에 출입을 삼가면 그만이지만 그것이 어디 말처럼 쉬운 일인가. 형편이 그러하니 며칠 안 가서 덜컥 또 당하고 말았다.

"당신 중국 사람이오, 일본 사람이오?"

이번에는 흰 블라우스와 진회색 치마를 입은 여학생 하나가 냉큼 길을 막고 나선다. 당당한 대한민국 사람을 몰라보아 상해 버린 자존심도 그렇거니와, 막내딸보다도 예닐곱 살은 더 어려 보이는 애숭이가 턱을 쳐들고 물어오는 꼴에 하도 배알이 틀려 "나는 한국인이다. 어쩔래?" 악을 쓰듯 내뱉고는 저희들끼리 깔깔대거나 말거나 뒤도 안 돌아보고 쏜살같이 지나가 버렸다.

그날 밤 나는 생급스럽게도 흥선대원군을 재평가하며 감탄했다. 멀찍이 떠 있는 윤선輪船만 보고서도 거기에 탄 인종들이 오랑캐임을 쉽게 알아차린 그의 혜안은 얼마나 위대한가 말이다. 평소 그의 쇄국정책을 불만스럽게 여겼던 것이 갑자기 죄만스러워지고 그의 선견지명은 한없이 우러러 보였다.

그때 한 단어가 번개처럼 떠올랐다. 부룩송아지다. 그래 너희들은 부룩송아지라 불러야 제격이야. 이 망종들아. 나는 애들처럼 신이 났다. 사람 수효보다 소가 더 많은 나라의 자발머리없는 아이들에게 이보다 더 안성맞춤의 별호가 없겠다 싶으니 잘코사니야 소리가 저절로 튀어나왔다. 덕분에 고소한 잠을 푹 잘 수 있었다.

그 후로는 좀 돌더라도 아예 건너편 쪽 길로만 다니기로 마음을 다졌다. 그러면서도 그 쪽을 힐끔거리는 버릇만은 버리지를 못했다.

그날도 그랬다. 부룩송아지들을 확인하고는 고개를 막 돌리는데, 마침 삼거리 대로상에서 승용차가 피자 배달 오토바이를 치는 교통사고가 난 것이다.

정말 눈 깜짝할 사이다. 세 마리의 여학생 부룩송아지들이 길바닥 사고 지점으로 내달리더니 누가 먼저랄 것도 없이 나뒹굴어진 피자 배달 청년을 껴안고는 합창하듯 소리내어 엉엉 운다. 나는 두 번 놀랐다. 사고에 놀라고 부룩송아지들의 행동에 놀라고. 소소리패 같던 애들에게 저런 면이 있을 줄은 상상도 못했으니까. 그때 내 의식은 이미 부룩송아지가 아닌 나이팅게일에 매료되고 있었다. 그리고 내 마음의 귀는 생명이 무엇보다 귀중하다는 소리를 아주 크게 듣고 있었다.

솔직히 나는 피자 배달 청년을 살리려 뛰어갈 마음은 눈곱만큼도 갖고 있지 않았다. 그럴 경우 누군가 나를 대신할 사람이 당연히 있는 것으로만 여긴다. 지금까지 나는 남에게 책잡힐 언행을 가능한 한 삼가며 살아왔다고 밝힐 수 있다. 그 결과 더러 낯간지러운 칭찬의 소리를 들은 바도 없지 않다. 바로 그 점이 부끄러움을 더 느끼게 해주었다.

유산 때문에 아버지를 죽이는 자식도, 보험금을 노려 자식의 손가락을 자르는 아비도 모두 남 못지않게 공부는 했을 것이며, 겉치레 사람 노릇도 남 뒤질세라 퍽 잘했을 것이 아닌가.

겉과 속은 얼마든지 다를 수 있다. 그날 이후, 나는 겉만 보고 사람을 평가하는 데에 되도록 둔해지기로 결심했던 것이다.

(1999)

산책의 기쁨

"보에도[1]의 칸트시군요."

내 집이 보에도 근처이고, 아침 9시경이면 으레 산책에 나서는 것을 알게 된 문우가 농삼아 던진 말이다. 그러나 시계보다 더 정확했다던 저 위대한 철학자 임마누엘 칸트를 누가 감히 흉내낼 수 있을 것인가. 굳이 산책의 이유를 밝히자면 건강을 위해서라고 말할 수 있다. 나이 먹은 사람의 운동으로는 골프가 제일이라며 모두들 광활하고 싱그러운 깐차[2]를 찾아 차를 모는 시대에, 산책 운운이 어디 말발인들 설까마는, 내 주제엔 이보다 더 적합한 운동이 따로 있을 성싶지 않아 큰맘 먹고 시작을 한 것인데, 벌써 반 년이 더 지났다.

---

1) 보에도(Boedo) : 부에노스 아이레스의 길 이름.
2) 깐차(Cancha) : 경기장.

어느 날은 인데뺀덴시아[3]를 건너 산 후안[4] 쪽으로 가고, 또 어넌 날은 벨그라노[5]를 지나 리바다비아[6] 쪽으로 발길을 옮긴다. 보에도 주위를 뱅뱅 도는 날이 있는가 하면, 발길 닿는 대로 이길 저길 향방 없이 꺾어 다닐 때도 더러 있다. 길들이 워낙 사통팔달인데다 직선과 직각 그리고 평지뿐이어서 아기자기한 변화의 묘미는 맛보지 못해도, 대부분 고즈넉한 까제[7]이고 보니 침묵의 거리가 안고 있는 가라앉은 분위기에는 늘 빨려드는 편이다. 부에노스 아이레스는 50이후의 인생이면 누구나 걸어볼 만한 뒷길을 지니고 있어 좋은 도시다.

처음엔 열 꽈드라[8]만을 걸었는데도 장딴지가 뻐근했다. 평소에 얼마나 운동부족이었는지를 확인하고는 늦게나마 산책이라도 시작한 것을 큰 다행이라고 자위를 했다. 오늘은 스물다섯 꽈드라를 걸었어도 장딴지가 뻐근한 증세는 나타나지 않는다. 운동이 되기는 되는가 보다. 오히려 적게 걸으면 몸이 찌뿌드드할 정도니.

내 산책은 돈이 안 들어서 경제적이고, 시간을 맘대로 조절할 수 있어서 탄력적이다. 게다가 혼자 걸으니 남의 간섭이 있을 수 없고 간섭이 없으니 혹 머릿속에 글을 구상하서나 정

3) 인데뺀덴시아(Independencia) : 부에노스 아이레스의 길 이름.
4) 산 후안(San Juan) : 부에노스 아이레스의 길 이름.
5) 벨그라노(Belgrano) : 부에노스 아이레스의 길 이름.
6) 리바다비아(Rivadavia) : 부에노스 아이레스의 길 이름.
7) 까제(Calle) : 거리, 도로.
8) 꽈드라(Cuadra) : 거리의 구획/ 1 꽈드라는 100m.

리하기에도 맞춤이고 십상인 것이다. 이제는 의무로 하는 산책이 아니라 사랑에 빠진 산책이 되었다.

산책을 시작한 지 며칠 안 되었을 때의 일이다. 집과 연결된 빠사헤[9]를 걷자니 가까운 데서 바이올린 소리가 들려온다. 문외한의 귀에도 초보자의 서투른 솜씨가 분명하여 어린아이가 켜고 있으려니 지레짐작을 하며 소리나는 창 쪽으로 눈을 돌려 보았다. 그러나 거기엔 80세도 더 넘었을 검버섯 할머니가 활을 긋느라 애를 쓰고 있었다. 흔히 치매를 방지하려면 무엇에라도 열중해야 한다지만, 그 할머니에게서는 딱히 그런 기색이 엿보이지 않았다. 차라리 음악으로 자기 혼을 풀어내는 거장이라야 맞을 듯 했다. 그날 이후, 빠사헤의 바이올린 소리는 내 발걸음을 끌어내는 마법의 곡조가 되어 버렸다.

산책을 하다 보면 보도의 물청소 현장을 종종 만난다. 그때마다 피하여 걷기가 번거롭기는 해도 기분이 언짢았던 적은 한 번도 없다. 행인의 발걸음으로 금세 더러워질 길인데 저다지 쓸고 닦을 것이 무어람. 솔직히 이런 생각을 안 품어 본 것은 아니다. 더구나 물을 정말 물쓰듯 하는 것을 보며 몇십 년 안에 식수의 고갈로 인류의 생존이 위협받을 것이라는 환경주의자들의 경고가 떠올라 전율을 느낀 적도 있다. 그럼에도 불구하고 물청소가 좋아 보이는 것은 비단청결 때문만은 아니다. 청소하는 이들의 진지한 모습이 마음을 끄는 것이다. 그들

9) 빠사헤(Pasaje) : 통로, 골목길.

에게서는 의식을 준비하는 성직자의 경건함이 느껴진다. 내 집 몰 한 방울 절약에는 신경을 기울였을 망정, 남들과 연관된 일이라면 애써 무관심했던 한 이기주의자가 맘놓고 지나가기에는 물청소 된 보도는 너무 거울같이 맑은 길이다.

내 동네 뽀르떼뇨[10]들은 입성이 검소하다. 새 옷이 아님에도 한결같이 깨끗하고 구김이 없는 것을 입고 다닌다. 이들은 사치라는 단어와는 거리가 무척 멀어 보인다. 오히려 모양과 색상을 스스로 연출하며 맘껏 개성을 살려내는 품위의 사람들이다. 체면치레에서 해방된 자유의지의 소유자들을 만나는 기쁨도 산책의 부수입(?)이라고 말하면 경제동물의 티를 낸다고 욕을 먹을 것인가.

알 수가 없다. 왜 내 머릿속에는 아르헨티나 사람들이 게으르다거나 가난하다거나 무의미하게 살고 있다는 인식으로 채워져 있을까. 어쩌면 느린 걸음, 은행 앞 줄서기, 오후의 낮잠 자기들로 해서 쉽게 오해를 하고 있는 것은 아닌지 모르겠다. 발은 보도를 걷는데, 상념은 늘 마음을 누비기에 바쁘다.

몸의 건강을 위해 시작한 산책, 이제는 마음의 건강 때문에라도 중단해서는 안 될 것 같다.

'보에도의 칸트'란 명명에 현혹된 것이 아님을 내 친구여, 알아주구려. (2000)

---

10) 뽀르떼뇨(Porteño) : 부에노스 아이레스 사람.

새벽의 소리

요즈음은 새벽녘 집 근처 가로수를 스쳐 지나가는 얇은 바람소리에도 곧잘 잠을 설친다.

그럴 때마다 심란함이란 실연당한 소년의 가슴앓이 그것이다. 나이 탓일 것이다. 인생 오십의 중턱을 넘었으니, 나이를 들먹인들 망발이랄 수는 없겠다. 시절 탓일 수도 있다. 들리는 소리마다 하 수상하니, 시절에다 올가미를 씌워도 무슨 나무람이 있겠는가. 이민 탓일 지도 모른다. 아직 자리도 못 잡고 허둥대는 삶이니, 걱정 많은 이방인이 잠 못 이루는 것은 너무도 당연한 현상이리라.

아내는 새벽 단잠에 빠져있고, 다른 방의 아이들도 기척이 없는 고요한 미명에, 고독감과 무상감에 싸여 바람에 우는 나무들의 설움을 혼자 받다가, 그 진배없는 형벌을 벗으려고 등을 밝힌 후 머리말을 더듬어 신문을 집는다.

무작위로 잡힌 것은 구문이다. 외국유학을 다녀온 대학교수의 아버지 살해 기사가 보인다. 극악한 패륜의 속보를 읽으며 존속 살해만이 패륜인가라는 자문을 해본다.

부모를 고독하게 만드는 패륜, 부모를 마음 상하게 하는 패륜은 얼마든지 있고, 언어의 학대, 소외하는 불효도 너무 흔한 세태다. 나는 패륜아가 아니라고 그 살부자殺父者만을 매도할 떳떳한 자식이 이 세상에 과연 몇이나 될 것인가. 그 패륜의 무리에서 벗어나지 못했던 과거를, 이 새벽에 뉘우치는 것은 단지 관객 없는 신파 연극일 따름이다.

신문 더미를 다시 뒤진다. 한인사회의 가스방화 미수사건이 너무 끔찍스럽다. 읍참마속泣斬馬謖이냐, 토사구팽兎死拘烹이냐가 헷갈리는 한인회의 불협화음도 들린다. 공연히 부끄럽다. 한동안 시끄러웠던 매춘과 폭행과 비디오사건까지를 연상하면, 좁은 이민사회치고는 바람 부는 날이 너무 많은 이 가을이다.

이번에는 엊저녁 신문이 잡힌다. 미국 오클라호마 폭파 사건의 화약냄새와 다시 일어난 일본지하철 독가스 사건의 악취가 활자에서 배어 나온다.

인간 양심의 폭파와 인간 마성의 살포다.

'G-7'의 미국과 일본이 문명국인지 미개국인지, 도덕국인지 야만국인지가 아리송하다. 문명과 도덕은 살찐 경제만으로는 이룩될 수 없다는 본을 보이고 있는 일등국들의 얼굴이 너무 추하게 닮아 있다.

물질의 축적만으로는 비인간의 만행을 도저히 예방할 수 없는 인류, 무력의 경쟁만으로는 비양심의 악행을 도저히 쓸어낼 수 없는 지구는 지금 무저갱無底坑으로 곤두박질하고 있다는 섬뜩한 생각이 스친다.

불현듯 새벽 한기가 재채기를 끌어낸다. 나무에 부딪히는 무심한 가을바람 소리에도 마음이 아프고, 세상사 소란하고 끔찍스러움에 더욱 머리가 무거운 새벽은 어느새 먼동을 맞는다.

이때부터는 가로수를 천국으로 아는 새들의 시간이다. 찍 짹 찍 짹, 찌르르르 찌르르르, 삐삐로 삐삐로, 끼르 끼르 끼르, 쪼 쪼 쪼 쪼….

몇 종인지는 알 수 없다. 적어도 백 마리 이상의 소리가 어우러진 생기 있는 합창은 저마다의 특성을 가졌으면서도 귀에 거슬리는 것이 없다. 그 소리는 스산한 가을바람을 재운다. 그 소리는 소소로운 나무의 떨림을 진정시킨다. 빼앗긴 단잠도 보상해 주고, 뒤숭숭한 머리도 맑게 해준다. 어둠이 밝음으로 바뀌는 백구[1]의 여명은 새들의 알레그로로 인하여 어느덧 청정한 수도원의 아침이 된다.

새들의 지저귐은 한동안 계속되고, 하루의 계획은 이때 다듬어진다. 세계가 온통 아수라장이라 하더라도, 장사가 안 돼 종일 파리를 날리더라도, 한인사회가 곧 와해될 듯 시끄러울지

1) 백구 : 한인들끼리 부르는 부에노스 아이레스의 한인촌 이름.

라도 오늘은 정말 기분 좋게 출발하리라.

부에노스 아이레스의 가을하늘이 막 세수 끝낸 새색시의 얼굴로 창문에 다가와 방안을 기웃거린다.

서둘러 아이들을 깨운다.

"일어나라 날 밝았다!"

(1995)

아름다운 오후

확 끼쳐오는 풀 내음 흙 내음….

미풍에 얄랑대는 초원이 저만치 펼쳐 있다. 짙푸른 수목들의 머리 끝으로 뭉게구름이 피어오르고, 연초록 잔디밭엔 마전된 옥양목玉洋木을 널어놓은 듯, 누워있는 햇살이 눈부시다. 새들은 쌍쌍으로 종종거린다. 먹이를 줍고 밀어를 나누기에 바빠 인기척에는 좀체 놀래는 기색이 없다. 어느 날 오후의 에세이사[1] 공항 길 옆 잔디밭은 이런 모습으로 나와 R집사를 맞이하고 있었다.

우리는 약속이라도 한 것처럼 두 발을 쭉 뻗고 아주 편안한 자세로 펄썩 앉았다. 참으로 얼마 만에 앉아보는 맨바닥인가. 등뒤 공항 길로는 차들의 질주가 빈번했으나, 그 소음 따위는

1) 에세이사(Ezeiza) : 부에노스아이레스 국제공항이 있는 지명.

아예 귓전에 닿지도 않는다. 이렇게 잘 다듬어진 공간이 도심에서 불과 십여 분 거리에 있는 것을 왜 몰랐을까.

모르지 않았다. 십수 년 전, 아르헨티나에 첫발을 딛고 곧바로 공항 길을 달려 백구[2]로 향할 때부터 너무 잘 알고 있었던 사실이다. 꿈속 같은 풍광 속에 몸을 쉬어보지 못했던 것은 거두절미去頭截尾하고 미욱한 내 주변머리를 탓할 밖에 없다.

그 길을 왕래하지 않은 것도 아니다. 배웅과 마중으로, 또는 내 스스로의 출국과 입국 때 무수히 통과했다. 89년쯤에는 탈아르헨티나 바람이 너무 거세어서 가는 이들을 전송하느라 거의 매주 공항엘 나갈 정도였다. 그러면서도 그림의 떡 보듯, 주마간산走馬看山격으로 그냥 지나치기에 바쁘기만 했던 길을 달려 잔디밭까지 이른 것은 오로지 R집사의 남다른 취향과 돈독한 우의로 말미암은 것이었다.

그 전날 저녁이다. 나는 까닭 없이 침울한 감정에 사로잡혀 있었다. 감기 뒤끝과 나이에서 오는 멜랑콜리가 아니었나 싶다. 삶이 너무 버겁다는 생각, 지나온 날에 대한 회한, 내게 허여된 미래의 시간이 그리 많이 않을 것이라는 예감, 그러면서도 무언가 남보다 빨리 이루고 싶다는 조바심 등이 한꺼번에 몰려들어 공연히 불안하고 초조하고 고독했다. 그때 옆에서 내 속을 꿰뚫고 있었던 것처럼 R집사가 전화를 걸어왔다. 내일은 공휴일이니 함께 바람이나 쐬이자고.

---

2) 백구: 한인들끼리 부르는 부에노스 아이레스의 한인촌 이름.

그는 드문 낭만파다. 달이 밝으면 급한 일손을 멈추고라도 밤하늘을 쳐다보고, 비가 내리면 일부러라도 공원을 산보하는 사람이다. 물론 문학을 사랑하고 음악을 즐긴다. 혹 의기가 상합하는 친구를 만나면 밤을 밝히며 담소하기를 마다하지 않는 정감의 사나이다. 무엇보다 내가 부러워하는 것은 유머스럽게 얘기를 잘하는 점이다. 심각한 대화 중에도 어느새 그의 한 마디가 툭 튀어나오면 웃지 않고는 못 배기는 경우를 누구든 경험하게 된다.

이튿날 그가 데리고 간 길이 공항 길이요, 당도한 장소가 공항 대합실 2층 까페떼리아[3]였다. 그다운 결정에 나는 미소지었다. 출입국장을 내려다보며 차를 마셨다. 우리는 이별이 아쉬웠을 어느 연인들을 상상하면서 무성영화의 변사를 흉내내기도 했고, 남자들끼리 온 홀가분한 심정에 들떠 서로 맞장구를 치면서 페미니스트를 비웃기도 했다. 나는 몸과 마음이 깃털만큼 가벼워지는 것을 느꼈다. 밀물처럼 차오르다가 썰물처럼 빠지고마는 송영장의 생리를 몇 차례 겪는 동안, 맞을 사람도, 보낼 사람도 없는 시공時空에서의 유별난 휴식에 흠뻑 취해 버렸다.

그 기분을 그대로 싣고 다시 공항 길로 빠져나왔다. 그리고는 남쪽 잔디밭으로 차를 댔던 것이다.

공을 차는 젊은 아빠와 어린 아들, 춤을 추는 남녀 학생들,

---

3) 까페떼리아(Cafeteria) : 다방.

마떼[4]를 빨고 있는 할아버지와 할머니, 간이 식탁에 둘러앉은 가족들, 그리고 사랑에 취한 선남과 선녀들….

연이 보였다. 연 꼬리에 매달려 파르르르 떨고 있는 내 어린 날도 보였다. 연을 띄운다고 논둑 밭둑으로 이리저리 내닫던 어린 시절이 불현듯 그리워졌다.

그 때에 비하면 지금 내게 무엇이 부족한가. 재물일까. 쟁여 놓은 것은 없을 지라도 지금의 나는 무척 호의호식한다. 건강일까. 환절기마다 연례행사처럼 감기치레는 할망정 별다른 병고는 없이 지내왔다. 자유일까. 지구 끝에 와 있을 만큼 내 맘대로 살고 있지 않은가. 그렇다면 무엇 때문에 불안하고 초조하고 또 고독한가.

부모님은 구몰俱沒하셨으나 자손 울타리는 남부럽잖고, 내세우기는 부끄럽지만 그래도 신앙을 붙잡고 살아가는데 말이다.

시내로 들어오는 차량들 행렬 속에 끼어들면서 R집사는 내게 답이라도 내려주듯 이런 말을 던져 주었다.

"자기에게 주어진 분량만큼 즐기며 사는 모습들이 너무 아름답군요."

(1998)

---

4) 마떼(Mate) : 남미 특유의 차茶.

오래된 사전

"펠리스 쁘리마베라."

좋은 봄을 맞으세요. K선생의 느닷없는 봄 인사다. 아무리 공무라지만 아침 일찍 젊은 여성에게 전화를 거는 것이 무례한 것 같아서 요점만 짧게 전하고는 이내 끊으려던 참이었다.

전화선을 비집고 왔는데도 목소리엔 장미꽃 향기가 묻어 있다. 그뿐이면 오죽이나 좋으랴만, 가시에 찔린 느낌이 제법 따끔하다.

한국의 봄은 '입춘대길'로 타박타박 걸어오지만, 아르헨티나의 봄은 '펠리스 쁘리마베라' 인사말을 타고 경쾌하게 나타난다. 주고받는 꽃 선물은 또 얼마나 아름다운 영춘문화인가.

그러나 나는 깜빡했다. 아니 오늘이 봄의 날인 것을 알았다 해도 쑥스러워서 인사는 못 건넸을 것이다. 이왕에 인사를 받았으니 이 나라 사람들처럼 '그라시아스, 이구알멘떼' (고맙습니다. 저도 같은 축하를 드립니다) 해버리면 답례로 충분한 것을, 그 말조차 계면쩍어 괜히 어름거리고만 있었다.

"선생님은 봄의 날도 모르셨죠? '오래된 사전'이시니까요."

호호호 연타가 날아온다. 나비처럼 날아 벌처럼 쏜다던 권투선수라면 받아칠 수 있을까. 가벼운 게 여자의 웃음이라던데, K선생의 웃음은 아예 쇠방망이다. 결국 나는 제대로 된 인사 한 마디 못하고 슬그머니 수화기를 놓고 말았다.

내게는 이민 짐에 끼여온 국어소사전이 한 권 있다. 거죽은 꾀죄죄하고 술의 가장자리는 손때에 절어 영 볼품이 없지만, 내용을 들여다보면 문법책에다 속담집과 옥편, 그리고 한영사전까지 겸하고 있음을 알게 된다. 나 같은 책 가난뱅이 이민자에게는 백과사전 폭은 되고도 남는 귀중본임에 틀림이 없다. 이 소사전이 아니면 글을 쓰겠다고 감히 덤벼들 생각조차 못했을지도 모른다. 그러니 얼마나 애지중지했겠는가. 이성에게 이런 감정이면 정분났다는 소문도 뜨르르 했을 것이다.

하지만 정 각각 흉 각각이나. 지난 4반 세기 동안에 등장한 신조어 · 개정어 · 유행어 · 시사어 · 외래어들이 들어있지 않다. 신토불이, 도우미, 원조교제같은 낱말들은 그럭저럭 두드려 맞춰 이해를 한다 치더라도, 디지털이나 아날로그 따위를 그런 식으로 얼버무려 넘기기에는 내 얕은 실력이 늘 찝찝한

구석을 남겨 주었다. 게다가 '무'가 '무우'요, '우레'도 '우뢰'로만 나와있고, '쇠고기'는 있어도 '소고기'는 없어 헷갈리기를 밥 먹듯 하는 형편이다. '노트 북'도 공책으로만 알고 있는데 요즘은 다른 의미로 쓰이는 듯하니 얼마나 답답한 노릇인가. 서울에 가기만 해봐라. 사전부터 살 것이다. 그땐 너는, 이러면서 신경질을 부린 이유가 바로 여기에 있었던 것이다.

재작년 초였던가. 동인 모임의 L선생에게 편지를 보낸 적이 있다. 사신私信이 아니라는 판단으로 복사를 해 회원들에게 두루 돌렸던 모양이다. 그 후, 서울에 간 김에 모임에 얼굴을 내밀자 초면의 문우들까지도 내 편지를 떠올리며 반색을 하는 거였다. 남자들이 더러 끼어있기는 해도 관심을 나타내는 이들은 거의가 우아하고 지성미 넘치는 여성들이어서 나는 건배 전에 이미 몽롱한 상태가 되어버렸다.

속으로 아르헨티나에 돌아갈 날짜를 꼽아보느라 그 동안 선보인 내 수필을 잘 읽었다는 얘기가 없는 것쯤은 부끄럽게 여길 새도 없었다. 내로라 하는 여성수필가들과 한 자리에서 장시간 화기애애하게 담소하다 왔노라 뻐겨야겠다는 생각만이 머리에 가득 차 있었으니까.

그러나 정작 건배가 있고 나자 내 심정은 참담해졌다. "펜으로 쓴 편지를 오랜만에 보면서 옛날 생각이 났어요. 아직도 육필로 글을 쓰시네요." 누군가의 이 말을 못 들었다면 그날 나는 잔뜩 들뜬 나머지, 술잔을 받는 대로 홀짝거리며 분수없이 해롱댔을지도 모른다.

아직도 육필이라…… 이 소리에 놀랐음인가. 그녀들의 뽀얀 얼굴, 그 짙은 화장 밑에 잠자고 있던 주름 고랑이 다투어 깨어나고 있었다.

그날 교보문고에 가서 국어사전을 새로 샀다. 발행일이 최근인데다 쪽수가 많고 활자가 크며 체제와 장정과 지질까지 맘에 들어 두말 않고 값을 치렀다. 그러나 부에노스 아이레스에 가져와 사용해보니 개정어 정도가 실려 있을 뿐, 그 외에는 오래된 사전과 오십 보 백 보여서 실망을 하고 말았다. 내 손은 자꾸 오래된 사전만 집는다. 미리 버렸더라면 후회가 컸을 것이다.

어느 자리에서 내 얘기는 이렇게 끝이 났었다. 이 말을 용케 잊지 않고 있다가 K선생은 조명을 짓고 기롱을 섞어 내게 되써먹은 것이다. 요즘은 구닥다리를 '아날로그'라고 한다고 말해 준 사람도 K선생이다.

그건 그런데, 말 가시에 찔리고 웃음 방망이에 얻어맞은 기분이 과히 나쁘지 않다. 오래된 사전일망정 들쳐보면 '봄'도 있고, '꽃'도 나온다고 말해버릴 걸 그랬나 보다.

(2002)

장미꽃 버스

7번 버스를 타고 아쌈블레아[1]에서 라쁠라따[2]로 꺾어 들었을 때, 나는 차창으로 내다보이는 커다란 장미꽃 한 송이에 눈이 팔려 버렸다.

이른 아침 찬물로 세수를 막 끝낸 삼십 후반 여인의 환희 핀 얼굴이 연상되었다. 그 순간에 누가 나를 유심히 보았다면 입가에 엷은 웃음이 번지는 것에 괜한 의아심을 품었을 것이다. 지금도 그 장미꽃 한 송이를 눈에 그리면 느슨해 있던 오관五官이 한여름에 소나기를 만난 잔디처럼 금세 생기가 돋는 것을 느낄 수 있다.

그러나 그날 나를 정작 사로잡았던 것은 장미꽃이 아니라,

1) 아쌈블레아(Asamblea) : 부에노스 아이레스의 길 이름, 한인촌에 있음.
2) 라쁠라따(La Plata) : 부에노스 아이레스의 길 이름, 한인촌에 있음.

그 꽃이 그려져 있던 시내버스였다고 해야 옳을 것 같다. 내가 익히 보아 온 시내버스는 거의 단색이 아니면 두세 가지 색으로 기껏해야 줄무늬를 그었을 뿐이다. 장미꽃 버스는 65번을 달고 있었다.

일상의 테두리 안에서 보통사람의 발 노릇으론 시내버스가 제격이다. 이 도시에 지하철이 있기는 하지만, 역사만 길었지 실용의 거리가 너무 짧아 탈이다. 보통사람의 발이 되기엔 아직도 까마득한 형편이어서 안타깝다.

버스를 자주 타는 내 경험에 비추면, 출·퇴근 시간이 아닐 때에 서울에서처럼 매달려 탈 경우가 별로 없듯, 목적지까지 내내 서서만 가는 고달픔도 거의 없다. 일단 의자에 앉기만 하면 눈을 붙일 수 있는 특전이 생기기도 하고, 명상에 잠길 수 있는 자유도 얻어진다. 꿀보다도 더 달콤한 독서삼매에 빠질 때, 시내버스는 교통기관이라기보다는 달리는 서재의 구실을 톡톡히 해내는 것이다. 이 도시의 시내버스는 늘 깨끗하고 붐비지 않고 조용한 분위기를 싣고 시내를 오간다. 이런 다목적 문화공간을 일괄 제공받는 데 단지 70센따보[3]만을 지불하는 보통사람들이야말로 이 도시가 우대하는 특별사람들이라 이를 만하지 않을까.

그렇지 않아도 그 중에 한 사람이라는 긍지가 없지 않는데, 생화보다도 더 싱그럽게 보이는 장미꽃을 보았으니, 아니 장미

---

3) 센따보(Centavo) : 화폐단위 1 peso의 100분의 1.

꽃이 그려있는 버스를 보았으니, '어린 왕자'의 세상에 살고 있는 듯한 착각인들 어찌 안 할 수 있겠는가. 혹 길가 가게 간판에 그려진 꽃이었다면, 나는 그다지 큰 행복감에 젖지는 않았을지도 모른다. 여인이라고 죄다 연애의 대상이 아닌 이치다.

시내버스를 타면 내가 비록 코납작이라도 주눅이 들지 않아서 좋다. 지체가 높거나 지갑이 두둑한 사람은 한 명도 안 탔을 것 같은 야릇한 안도감이 생긴다. 설사 관직에 있는 사람이라 해도 계장급 이상은 없을 듯하고, 자영업자라도 외진 곳 끼오스꼬[4] 주인 정도가 고작일 듯싶다. 고장난 승용차를 공장에 맡겼으나 찾을 돈이 부족하여 그 돈이 장만될 때까지 당분간 시내버스 신세를 지고 있는, 그래서 남들로부터 주변머리 없는 위인이라고 비웃음을 받는 사람이라면 그는 당연히 보통사람들과 한통속이다. 하물며 노동자, 공원, 점원, 파출부, 연금수혜자들이야 더 말해 무엇하겠는가. 버스 몸통에 그려진 싱싱한 장미꽃 한 송이는 이런 사람들에게 바치는 사랑의 선물이라 쳐도 될 듯싶다.

그것을 가능케 한 버스회사 사장은 과연 어떤 사람일까를 상상해 보았다. 기사들의 임금은 생활보장 급을 원칙으로 할 것이다. 탈세와는 아예 거리가 멀 것이고, 후생복지에는 어디보다 관심을 더 쏟을 것이다. 노사분규? 노조원들의 요구사항이 어떻든 우선 인내심으로 경청하기를 마다하지 않을 것만

---

4) 끼오스꼬(Kiosco) : 매점. 구멍가게.

같다. 기사들의 아내가 출산을 하면 예쁜 카드와 함께 금일봉을 몰래 보내주고….

이 도시에 시민이 주는 상이 있는지는 알 수 없으되, 만약 그 시상권이 내게 주어진다면 나는 두 말 않고 장미꽃 버스 사장에게 그 영광을 바칠 테다. 새 대통령에 델라루아가 당선되었다. 그가 아르헨티나라는 버스에 장미꽃을 그려 넣을 줄 아는 대통령이 되기를 바라는 마음이 간절하다.

"이 균형 속에 있는 눈에 거슬리지 않는 파격이 수필인가 한다. 한 조각 연꽃잎을 꼬부라지게 하기에는 마음의 여유를 필요로 한다. 이 마음의 여유가 없어 수필을 못 쓰는 것은 슬픈 일이다."

수필가 피천득 선생의 글귀가 생각난다. 버스 몸통에 그려진 한 송이 장미꽃이야말로 상큼한 파격이라 할 것이다. 이런 파격을 만들어낸 이는 수필가로 치면 금아 선생 급은 되지 않을까 싶다.

이 글을 쓰자니, 65번 버스회사 사장이 유난히 존경스럽게 느껴진다.

(1999)

제왕의 고민

머리를 깎고 면도를 한 후에 물로 머리를 감는 것은 한국식 이발 순서다. 이발 중에는 머리카락을 자르는 가위의 차가운 금속성도 듣기 좋거니와, 수염이 깎인 뒤에 남는 부드러운 살갗의 느낌도 좋다. 그러나 더 좋은 것은 머리를 감자마자 하마 날아갈 것만 같은 그 가벼운 기분이다.

이 짧은 순간이 피곤한 뭇 남성들을 이발소로 끌어들이는지도 모른다. 남자들은 누구나 이발소에서는 행복한 제왕이 된다.

어느 날 나의 이 기대는 단골 동포이발소가 문이 닫힘으로 쉽게 실망으로 바뀌었다. 어쩔 수 없이 가게 근처 낯선 아르헨티노 이발소를 찾아 들어갔다.

서슴없이 이발의자에 앉은 나를 주인은 세면대 쪽으로 안내

한다. 머리부터 감으라는 눈치다. 이상하다는 느낌이 들고, 잘못 왔나는 후회도 생겼으나 이미 나의 머리는 이발사에 의해 물로 감겨지고 있었다. 그런데 머리감기가 끝난 뒤에 이발을 하는 기분이 기왕에 한국식으로 길들여졌던 그것에 못지않게 무척 상쾌해지는 것이었다.

어느새 실망은 흐뭇함으로 바뀌고, 이런 이발도 있을 수 있구나 하는 신기한 생각에 젖어 나는 다시 행복한 제왕의 위치로 되돌아올 수 있었다. 그 날은 내가 머리를 감고 이발을 한 첫 경험의 날이고, 이발 후에 머리를 감아야 한다는 내 고정관념이 머리의 땟국물이 빠지듯 깨끗이 씻김을 당하는 날이었다.

그 동안 아르헨티나는 나에게 많은 고정관념이 있음을 일깨워주었다. 비근한 예이나, 끼니에는 꼭 밥과 김치를 먹어야 하고, 잠은 늘 온돌방이어야 몸이 가볍다는 생각은 내가 지녔던 고정관념들이었다.

빵과 고기와 엔살라다[1]로도 식사는 얼마든지 가능하며 침대생활에는 또 다른 안락이 있음을 알았을 때, 나는 관념의 올무에서 풀리어 새로운 생활습관에 익숙해질 수 있었다.

나에게 있어 고정관념이 진리일 경우는 극히 드물었다. 대부분 선택의 여지없이 받아들인 습관, 와전된 것, 침소봉대된 것 등이 내 관념의 세계를 지배하고 있었다.

---

1) 엔살라다(Ensalada) : 고기요리와 곁들이는 야채 샐러드.

일본인들이 책을 많이 읽는다고 알았던 것은 그릇된 고정관념 탓이었다고 주장한 주일 특파원 출신 여기자의 글을 읽은 적이 있다. 견문이 넓고 배움이 많은 베테랑 기자에게도 그릇된 고정관념이 있거든 하물며, 옷 가게나 지키는 우물 안 개구리의 그것이야 오죽 할 것인가.

나는 자식들에게 대한 고정관념이 있음을 안다. 내 자식들은 남의 자녀들보다 낫다는 고슴도치의식이 그것이다. 이로 인하여 가끔 나와 아내는 더 큰 실망을 맛보기도 하지만, 이를 깨뜨리지 못하는 교만 때문에 아직도 나는 고정관념의 포로일 뿐이다.

우리 사회에도 고정관념은 많이 있다. 백구[2)]에만 편의와 안위와 일체감이 있다는 생각, 의류계통에 매달려야만 생활의 안정을 보장받을 수 있다는 생각은 분명 우리 모두의 고정관념이다. 한국인은 돈만 알고 인권과 법을 무시하는 인종이라는 일부 아르헨티노들의 생각도 자주 우리를 경악게 하는 그릇된 고정관념임이 분명하다.

필요가 발명의 어머니라면 고정관념의 타파는 발전적 사고의 아버지다. 한국의 공업입국은 '농자천하지대본야'의 고정관념을 깨뜨린 결과이며, 미지의 땅 아르헨티나를 이민지로 발견한 선배들이야말로 삼천리 강토만이 삶의 터전이라는 고정관념에서 일찍이 벗어난 선각자들이다.

---

2) 백구 : 한인들끼리 부르는 부에노스 아이레스의 한인촌 이름.

나는 요즈음 혼자 고민에 빠질 때가 있다. 1년 반이나 착실히 일하고 있는 가게의 종업원 로레나가 앞으로 일을 그만두게 될 때에, 종업원은 반드시 주인을 걸고 넘어진다는 나의 고정관념이 깨뜨려질 것이냐 아니면 더욱 굳어질 것이냐에 대한 고민이다.

이 고민이 해결되어 나의 고정관념이 깨지는 날은 로레나가 우리 가족들 뇌리에 영원히 새겨지는 날이 될 것이며, 인정주의가 실리주의 앞에서 만세를 부르는 날이 될 것이다.

실로 고정관념의 타파는 암반을 부수어 금을 얻는 일이며 반석을 깨뜨려 생수를 얻는 일이다.

(1994)

한여름의 횡재

정초부터 횡재를 했다.

10년의 이민생활을 마감하고 곧 한국으로 되돌아가려는 ㄱ 선생이, 짐을 정리하면서 아끼던 서책 몇 권을 넘겨주었다. 책을 별로 지니고 있지 못한 나는 도타운 배려에 고마워하면서, 한우충동汗牛充棟에 못지않다 셈하고 있다.

귓가엔 백발을 이고, 이마엔 주름을 새기고 사는 처지임에도 연인의 귀물을 넘겨받은 젊은이인 양 한동안 들떠 지냈던 것은 오로지 책 때문이었다. 선물 중의 선물은 책 선물이다. 누구에게든 주어 좋고 받아 좋은 것, 그것은 바로 책인가 한다.

책과 더불어 정성된 마음이 봄날의 실바람처럼 부드럽게 오가는 세상이라면 다툼은 아예 발붙이지 못할 것이다. 없어도 흉내지 않고 있어도 뽐내지 않으며, 한 수의 시나 한 편의 수필로 도란도란 이웃하는 사람들이라면 서로 헐뜯는 일은 일어나지 않을 것이다. 거친 세파에 이리저리 휩쓸리다가 이 박꽃 같은 소망마저 귀찮고 버겁다고 스스로 팽개치지 않을까 나는 심히 저어하며 살아왔다. 기력이 남아 있는 그 순간까지 이 꿈을 아름답게 가꾸고 싶다.

ㄱ선생의 책들이 보태짐으로써 보잘것없던 내 장서는 부쩍 무게가 실렸다. 서가에 책이 하나 둘 늘어나는 것보다 더 큰 기쁨을 나는 쉽게 얻지 못한다. 책은 꽂아두고 눈요기만해도 좋을씨구지만, 아침저녁으로 뒤적일 적마다 손 끝에서부터 온몸으로 만조처럼 차오르는 행복감은 참으로 어화둥둥이다. 이럴 때의 나를 두고 천하를 얻은 사람이 아니란다면, 그런 얕봄은 다시 없을 것이다. 그 위에 읽고 배워 터득을 보탬으로 몽매를 벗음에야 더 일러 무엇하겠는가.

얘기가 나온 김이니 어엿한 책상물림은 못 되더라도 책 편역을 더 들어야겠다. 집안의 치장을 보면 그 주인의 인격과 교양과 취미를 쉽게 헤아릴 수 있다고 말한다. 여기서는 너나없이 그렇고 그렇게 살고 있어 비교 평가가 극히 어렵지만, 한국에선 그것이 아주 뚜렷한 편이었다. 뉘 집엘 들어서면 각양각색의 술병들이 사열장에 도열한 의장병들처럼 앞을 막는다. 책이라고는 눈 씻고 볼래야 볼 수 없고, 간혹 나뒹구는 것은 선정적 표지의 주간지뿐이다. 또 어떤 집은 각종 상패와 표창장들이 병풍을 친 듯하다. 허다 못해 무슨 지역개발추진위원회의 자문위원 위촉장까지도 좁은 공간을 당당히 차지하고 있어 눈살을 찌푸리게 한다. 그런 집일수록 아이들의 교과서나 참고서 나부랭이가 책류의 전부다. 개인의 기호에 따라 술도 좋고 상패도 좋지만, 책이 안 보이는 집에서는 어쩐지 물 없는 어항의 분위기를 느끼게 된다. 책 속에 녹祿이 있고, 책 속에 길이 있다는 진부한 표현에 이끌리지 않더라도 자녀들의 미래를 걱정하는 가정이라면 마땅히 책을 귀히 여길 일이다.

장사꾼이다 보니 가끔 남의 가게를 힐끗거리게 된다. 손님이 많고 바쁠 때는 모르겠으되, 요즘 같은 비철이면 까하[1] 앞에 앉은 주인의 개성은 유난히 튀어난다. 대부분 책이나 신문을 보며 시간을 때우는데, 어느 날 내가 기웃거린 제법 번듯한 가게의 젊은 여인은 놀랍게도 화투장을 떼고 있었다. "소인한거위불선小人閑居爲不善", 언제 염두에 두었던 것인지도 알 수 없는 이 글귀가 문득 떠올랐다.

여자라면 사족을 못쓰는 남자일지라도 화투에 몰두하는 여인과 정담을 나누려 들지는 않을 것이다. 화투치는 경국지색보다 책을 읽는 박색에게 나는 마음의 꽃다발을 보내고 싶다. 짬을 아껴 다소곳이 성경을 읽는 여인의 모습에서 물색없는 남정네의 흐트러진 눈길까지도 다잡아주는 경건한 매력을 발견하는 것은 나만의 현혹일까.

---

1) 까하(Caja) : 상자, 금고.

ㅈ집사는 교민 가운데 독서량이 가장 많은 이로 소문이 나 있다. 그 분만 보면 나는 가뜩이나 왜소한 체구가 더 작아지는 느낌을 받는다. 월간지조차도 꼭 표지를 덧싸고 또 당신의 이름을 반드시 적어놓는 ㅂ선생은 책을 받들어 모시는 수준의 애서가다. 훼손과 망실을 막기 위한 방법이라고만 치부하기엔 그 추스름이 너무 진지하여 어쩌다 그의 책을 빌리면 나는 곱절의 신경을 쓰게 된다. 내 졸고拙稿를 읽은 후, 나를 더 높은 정신세계로 이끌어주기 위해 귀한 책을 구하여 보내준 ㅊ선생. 요즈음 부쩍 글쓰기에 스트레스를 받는 것은 물론 다른 까닭도 많이 있지만, 문득문득 그가 의식되는 것을 빼놓을 수 없다.

이렇게 책과 독서의 대가들이 자꾸 늘어나서 국량局量에 벅찬 도전을 받게 함에도, 용렬庸劣한 이 푼수는 그저 입 벌리고 좋아라만 하니, 병치고는 큰 병이다.

바야흐로 휴가철, 모두들 피서지로 떠난다. 그들처럼 자작으로 선뜻 행장을 꾸릴 주변은 못 되니, 혹 집안에서 염천지절을 넘기게 될지라도 속태우지 않을 자신이 있는 것은, ㄱ선생이 준 책들을 독파할 기회로 삼겠다는 작심이 없지 않기 때문이다.

생각 밖의 책을 신사받은 것도 횡재지만, 건들마 기미라곤 당최 안 비치는 정 이월 한여름에 그 책들을 읽어 마음이 부해지면, 이보다 더한 횡재가 어디 또 있을까.

(1998)

깜뽀의 아침은 느리게 열린다
봄 같지 않은 봄
봄을 기다리며
얼음산 관광
적당주의와 마무리 정신
집을 짓는 사람
청순한 신앙을 그리며
카멜레온
패자부활전의 선수들

깜뽀의 아침은 느리게 열린다

식목장은 피어 오르는 안개에 묻혀 눅눅하다. 태양은 아직 제 몫을 못하고 있다. 8월 하순의 들판 공기가 옷 속으로 차갑게 스며든다. 까삐딸[1] 근교 깜뽀[2]의 아침은 아주 느리게 열리고 있다.

이슥고 음습한 검불이 덮여 있는 땅에 삽을 댄다. 그 순간, 겨울의 잔해인 볼품없는 뗏장을 비집으며 촘촘히 부리를 세우고 있는 새파란 싹들이 눈길을 잡는다. 서서 관심 없이 볼 때는 안 보이던 생명의 싹이 거기 숨어 있음에 멈칫한다. 잠시 그 생명체에 매료되어 그들의 예쁜 속삭임을 엿듣는다.

진갈색의 기름진 흙덩이가 삽날에 얹혀 나온다. 느닷없는 상

---

1) 까삐딸(Capital) : 수도首都.
2) 깜뽀(Campo) : 넓은 들판.

황변화에 놀란 지렁이가 저 혼자 꿈틀거리고 있다. 징그럽다. 그러나 피하고 싶지는 않다. 지렁이의 영토를 다시 보장해 준다.

구덩이에다 나무를 심는다. 흙을 손으로 비벼 나무뿌리에 골고루 뿌려 넣는다. 흙의 감촉이 온몸으로 전파된다. 온몸이 흙 내음으로 스프레이를 당한다. 알 수 없는 희열과 감사가 흙으로부터 옮겨온다. 작은 감격과 만족이 삽시간에 체내를 순환한다.

나무를 심고 다시 구덩이를 판다. 묘목을 세우고 얼른 흙을 채운다. 몇 차례 되풀이하는 동안 노동을 기피했던 몸이 땀기운으로 반응한다. 마침내 삽자루에 기대어 허리를 편다.

어느새 안개는 태양에 녹아들고 깜뽀는 하늘과 맞닿아 끝없이 누워 있다. 신은 무슨 연고로 여기에 이런 벌판을 만들어 놓았을꼬. 올망졸망한 멧부리, 꼬불꼬불 기어 내리는 여울, 비비꼬여 억세게 자라는 소나무, 손바닥 만 한 동구 밖 전답, 어디에나 지천인 자갈이 여기 아르헨티나 땅에서는 안 보인다. 갈퀴 같은 두 손으로 그 거친 땅을 일구어 목숨을 지탱해온 배달민족의 후예가 이 허허로운 대지 위에 오늘 한 그루의 나무를 심는 의미는 무엇인가.

이름 모를 한 쌍의 새가 괴성을 지르며 식목장 위를 공격적으로 비상한다. 자기 영역을 침범당한 동물의 본능적인 반발쯤으로 여기며 무심히 앞을 본다. 저만치에 한 점 아마리죠[3]가 선명하다. 꽃이다. 광야의 들꽃이다. 다가가보니 노란 씀바

---

3) 아마리죠(Amarillo) : 노랑, 황색.

귀꽃 한 송이가 채 자라지도 못한 채 땅바닥에 붙어 이른 봄 찬바람을 쏘이며 해바라기를 하고 있는 중이다. 빈 들에서 남보다 일찍 꽃을 피우고, 끝내 가기 싫어하는 겨울을 애써 전송하려는 잡초 한 포기의 그 고독한 용기가, 시류에 편승하며 정의 편에 서기를 주저하는 나약한 한 인간을 한껏 부끄럽게 만들며 거기 그냥 그렇게 피어 있다.

들새 알 두 개를 발견한 것은 그 꽃 주위에서다. 앙증스러운 둥지 속에서 부화를 기다리고 있는 껍질 쓴 생명체의 평화를 본다. 한 쌍의 새가 침입자를 경계하며 광기로 오르내리는 이유를 알아차린 것도 바로 그때다. 그렇다. 생명 때문이다. 생명외경生命畏敬이다.

상념이 날개를 단다. 우리 주위에서 사고와 폭력과 자살 등으로 귀한 생명을 잃은 이들의 소식이 자주 들린다. 존속을 살해하는 패륜아, 엽기적 살인자, 종교의 이름으로 사람을 죽이는 종교인…. 이들이 섞여 있는 고국의 사회가 마냥 무섭기만 하다.

자살 골 하나 때문에 선수를 죽인 콜롬비아의 비뚤어진 축구애국도, 내 민족의 영광을 위해 남의 민족의 생명을 무자비하게 살상하는 저 끈질긴 테러리즘도 다시 침 뱉고 싶다.

소말리아, 에디오피아, 르완다… 기아와 질병의 검은 대륙에서 그 참혹한 몰골로 오늘도 전 인류를 향해 과연 생명이 귀중하다는 의식이 살아있는가를 묻는 그 소리가 이 들판까지 메아리쳐오는 것 같다.

목숨이 붙어 있음으로 더욱 비참한 삶을 강요당하는 북한의 동포들. 눈에 밟히는 그들의 모습이 혈육을 떠나 타국에 사는 비정한 사나이까지도 비애에 젖게 한다.

생명은 외경의 대상이다. 예수는 생명 하나가 천하보다 귀하다고 설파했다. 불가佛家에서는 미물의 생명까지도 죽이기를 금한다. 유교는 머리카락 한 올이라도 생명처럼 아끼는 것이 효라고 가르친다. 모두 생명외경을 이름이다.

인간생명이 소중하다는 전제가 있을 때에만 성선설은 위대한 학설이 된다. 인간생명이 경시될 때 인류는 성악설의 노예가 될 뿐이다.

식목이라는 구차한 행위로 생명외경을 흉내내는 한 범부의 위선이 들판 가운데서 한없이 초라하다. 외경해야 할 인간생명의 계절을 그리워하는 깜뽀의 저녁 어스름은 아직도 봄이 아니고 겨울이다.

(1994)

봄 같지 않은 봄

한낮 햇볕이 제법 따갑다. 봄이 드디어 온 모양이다. 너울 쓴 봄 처녀에게 목을 빼는 사춘기 소년도, 그렇다고 나물 캐는 아가씨에게 넋 빼앗길 떠꺼머리도 아닌데, 봄이 왜 그다지 그리웠는지 모른다. 내가 새파랗게 젊었을 때, 노인들은 도대체 무슨 낙으로 살까 비웃었던 적이 있다. 초로初老에게도 봄이 충분한 기다림의 대상인 것을 미리 알았다면 그 따위 시건방진 행동은 삼갔을 것이 분명하다.

감추어놓은 연인과의 봄나들이 밀약이 있는 돈환(Don Juan)에게만 재촉당할 봄이라면, 봄은 벌써 에덴에서 쫓겨난 아담과 하와의 신세가 되었을지 모른다. 경승지 별장 정원의 영춘迎春 파티를 계획하는 귀부인에게만 환영되는 봄이라면, 그 봄도 이미 땅 위에서 자취를 감춘 맘모스와 짝을 이루었을 법하다.

봄은 누구에게나 조물주의 은총으로 온다. 제왕의 권력이나 군벌의 무력으로도, 재벌의 금력이나 석학의 학력으로도 도저히 끌어올 수 없는 것이니, 그것은 당연히 인간의 영역 밖이다. 내가 감히 봄을 기다릴 수 있음은 조물주의 그 넉넉함을 믿기 때문이다. 이 사람 저 사람 골라 배급할 터이면, 내 몫의 봄은 아예 없을지도 모른다. 평생 뒷줄에서만 겉돌던 자의 민망스런 불안감이기도 하다.

봄은 세월 따라 오가지만 세월을 뛰어넘는 그 무엇을 지녔다. 내가 신로심불로身老心不老를 뇌일 수 있는 큰 이유의 하나는 봄, 봄, 봄이 있어서다. 반 세기 전 그 옛날의 모습으로 오는 나의 봄이 있어 아직 내 인생의 길섶엔 무명초나마 시들지 않는 것 같다. 여름과 겨울은 혹서와 혹한 탓인지 세월의 주름을 더욱 보태는 감이 없지 않고, 가을은 너무 애상적이어서 가슴을 훑고 지나가는 쓰라림이 세월의 가불을 문뜩문뜩 느끼게 한다. 그러나 봄은 늘 너울 쓴 처녀로 오고, 항상 나물 캐는 아가씨처럼 간다. 봄은 진정 기다릴 만한 계절이다.

흔히 봄은 여인의 입성에서 시작된다고 말한다. 나도 여인의 치마 끝에 매달려오는 봄을 익히 알고 있다. 아직도 찬 기운이 옷소매 속으로 기어드는 심술궂은 날씨에 무릎 위로 바짝 올라간 치마 차림 여자를 만났다고 치자. 설령 파파할머니일지라도 잼처 두 번은 바라보아야 사나이 직성이 풀리지 않겠는가. 더구나 쭉 뻗은 두 다리가 씻어 놓은 김장무처럼 미끈하고 싱싱할 때, 대번에 대영제국의 귀족만큼 행복해지는 것은 누구도 못 말릴 일이다. 이를 능글쟁이 속한의 게슴츠레한 눈길로만 치부하는 여인이 있다면, 봄과 남성에 대한 경멸죄를 선고함이 어떠할는지. 이런 상상도 가능하니 이래저래 봄은 좋고 말고다.

짧은 치마로만 치면 여름을 제쳐놓을 수 없다. 짧은 여름치마를 길게 하기 위하여 뗄라[1] 공장들은 천을 곱절 생산하라고 외쳐댈 성균관 유생들이 이 아르헨티나엔 없으니 얼마나 다행한 일인가. 그로 인하여 플로리다[2]는 말할 것도 없고, 시장바닥 갈레리아 좁은 골목까지도 온통 충만한 젊음으로 물결치는 축제의 도시가 탄생하는 것이다. 그러나 여름은 요조숙녀窈窕淑女들의 각선미뿐 아니라, 그 비경秘境의 탯줄자국까지도 서슴없이 공개함으로써 너무 떡 벌어진 잔치가 된다. 과유불급過猶不及이니, 뭇 남성들로부터 사랑을 받고 싶은 샘 많은 여성일수록 짧은 치마를 되도록 이른 봄에 입으라고 귀띔하는 바다.

봄이다. 거북 잔등이 같은 나무껍질을 비집으며 새움이 툭툭 불거진다. 목청에 물기 오른 새들의 짝 그리는 사모가도 이 아니 들을 만한가.

그런데, 한 보름 내 머리에는 이백李白의 시 호지무화초 춘래불사춘胡地無花草 春來不似春이 자주 떠오르곤 한다. 여기는

---

1) 뗄라(Tela) : 옷감, 피륙, 천.
2) 플로리다(Florida) : 부에노스 아이레스 번화가 이름.

오랑캐 땅도 아니고, 더구나 겨울에도 이울지 않는 꽃들이 얼마든지 있는 곳인데, 봄이 와도 봄 같지 않다던 이백의 심정을 닮아감은 웬일인가.

고국의 아이엠에프와 비 피해 때문으로 덤터기를 씌울까. 아니 동포사회의 뒤죽박죽도 까닭으로 족하고, 너무 긴 경기침체도 구실되기에 모자라지 않는다. 그래도 미심쩍어 조목조목 되짚어보니, 지난 달 어느 보육원에 다녀온 일이 끝자락에서 질질 끌려나온다. 짐승우리처럼 보잘것없는 곳에 살고 있는 고아들을 덜레덜레 구경만 하고 돌아온 내 행위가 그리스도인의 선행으로 위장되고 있는 한, 봄은 아직 이 땅 위에 와 있는 것이 아니라는 의미겠다.

춘래불사춘, 서글픈 일이다.

(1998)

봄을 기다리며

남미의 허리 아래 부에노스 아이레스에는 아직 봄의 전령조차 나타나지 않고 있다. 학수고대鶴首苦待로 봄이 오는 길목을 지키는 우리의 마음은 그래서 더욱 춥고 조급하다.

봄은 지금 어디쯤에서 그 나른한 고양이 걸음으로 타박타박 남행길을 걷고 있을까. 아마존의 정글 속에서 길을 잃고 헤매는 것은 아닐까. 아니면, 티타카카[1] 호숫가에서 물결처럼 일었다 사라진 역사의 미아 잉카를 측은해하며 잠시 눈을 감고 있는 것은 아닐까.

가로수는 오늘도 마른 가지를 곤두세우고 아스팔트 빛 하늘을 자꾸 찔러대고 있다. 습도는 연일 90퍼센트를 오르내리며 폐부 깊숙한 곳까지 눅눅하게 만들어 준다. 봄이 물들어 오기

---

1) 티타카카(Titicaca) : 볼리비아와 페루 국경의 세계 최고最高의 호수.

를 바라는 화판은 아직도 어두운 잿빛이다. 물감이 번질 자리도, 붓끝이 가 닿을 여백도 없는 우리의 겨울은 마냥 음울하고 을씨년스럽다.

이 계절적 겨울의 막바지에 또 다른 한파가 맹위를 떨치고 있다. 멕시코 파동을 꼬투리 삼아 불경기라는 이름으로 몰아치는 강추위와, 서울의 삼풍백화점이 무너지면서 전세계를 강타한 생명경시라는 이름의 강풍이 우리를 꽁꽁 얼게 하고 잔뜩 움츠리게 만든다.

어느 날 느닷없이 셔터 닫힌 이웃가게에 채권자들이 몰려와 아우성치는 소리를 들어야 하는 계절은 서글프다. 사랑의 쌀을 들고 어느 집 띰브레[2]를 누른 이가, 누렇고 거칠어진 동족의 얼굴이 겸연쩍어하는 것을 보아야 하는 계절은 쓸쓸하다.

매몰된 지 9일, 11일, 17일을 강조하며 젊은 생명의 구조를 환희하는 소리가 수백 명 압사자의 절규만큼 처절하게 들리는 계절에 우리는 살고 있다. 그렇게 귀중한 생명일진대, 그렇게 기뻐해야 할 구조일진대, 어찌 그런 일이 저질러질 수 있는가를 따지고 싶은 마음마저 자꾸 떨리는 계절에 우리는 주인공이다.

그러나 만사는 끝이 있다. 그 끝을 아름답게 장식하기 위하여 기다림이 있다. 그 기다림을 영화롭게 하는 봄이 있음에, 우리의 겨울은 오래 참는다.

눈발 속에서 매화가 피고 얼음 밑에서 잉어가 놀며, 추위를

---

2) 띰브레(Timbre) : 초인종.

무릎쓰고 맥문동麥門冬이 푸르른 것은 겨울의 가혹한 자기연단과 끈질긴 인내의 작은 보상이다.

겨울은 퉁명스럽고 매몰찬 남정네다. 의미 있는 눈길 한 번 안 건네는 쌀쌀한 사내다. 그래도 그 속내에 햇솜이불 같은 푸근함이 들어 있고 소나기 같은 싱싱함이 숨어 있어, 언젠가는 자기를 맥 못추게 만들 때가 있을 것을 심지 깊은 여인이라면 모르지 않는다. 겨울은 짐짓 그렇게 버티는 계절이다.

죽은 듯 서 있는 나목裸木을 보라. 누가 감히 그 마른 표피 속에 정결한 수액이 휘돌고 있음을 상상하랴. 추위도 바람도 겁 없어 하는 생명력의 뜨거움이 용출湧出할 기회만 엿보고 있음을 어느 누가 짐작하랴. 그 나무가 꿋꿋이 모진 풍한을 이기고 서 있는 것은 오로지 봄이 있기 때문이다.

겨울의 끈질긴 기다림이 연초록 잔디로 돋아날 날은 올 것이다. 겨울의 사무친 그리움이 망울망울 새 순으로 솟아날 날도 올 것이다. 겨울이 그 버거운 사랑의 가슴을 한 송이 꽃으로 열어 보일 날도 꼭 올 것이다.

아무도 구별하지 않는
꽃 같은 사랑을 기다리고 있다

오늘도 바느질에 바쁜 우리 곁 한 시인은, 현실이 아무리 암담하여도 손을 뻗기만 하면 기다리던 것이 잡힐 것이란 확신 때문에 이렇게 독백했다.

한 줄의 시구詩句 속에서, 새로움을 향한 간절한 희구가 담겨 있음을 발견하고 싶은 것은, 우리의 겨울이 너무 지루한 탓이요, 우리의 봄이 너무 더디 오는 때문이리라.

봄을 기다리며…. 봄을 기다리며….

(1995)

얼음산 관광

2월의 첫 월요일, 막 먼동이 튼 뉴베리 국내공항엔 마뜩찮은 여름비가 흩날리고 있었다. 소풍날 비를 만난 어린이처럼 하늘을 쳐다보며 짜증을 부려봤으나, 라 쁠라따 강바람에 실린 짓궂은 빗줄기는 멎을 기미는커녕 점점 더 거세질 뿐이었다.

비를 맞고 있는 구닥다리 소형 비행기들 가운데 하나가 아가미를 벌린 붕어 꼴로 탑승객을 기다리고 있다. 저것이 이 우중에 제대로 날 수 있을까. 이민을 올 때와 고국을 방문하면서는 그래도 점보 747 최신형 여객기만 이용하던 터수가 아닌가. 내 짜증은 어느새 불안으로 바뀌었다. 아내와 함께 큰맘 먹고 '얼음산'을 찾아가는 관광길은 이렇게 첫발이 떫고 썼다.

그러나 걱정은 사서하는 것이란 말이 백 번 옳다. 30분도 지나지 않아 비구름 간데 없는 확 트인 시계視界는 10년 체증이라도 뚫어줄 듯했으며, 비행기도 경박스럽게 떨어대던 이륙 때와는 달리 잡음이나 요동 없이 평화롭게 진행하고 있었던 것이다. 하물며, 젊고 예쁜 스튜어디스들이 상냥한 웃음을 흘리며 지성껏 서비스를 하고 있음에야, 함렛이 현현한들 더 무슨 근심을 찾아낼 것인가. 비로소 안도가 되었다.

내려다보니 모두가 아름답다.

들판도 아름답고 바다도 아름답다. 간혹 나타나는 갯가의 작은 마을들도 그림처럼 곱기만 하다. 거친 들판, 흉용한 바다는 도시 상상조차 되지 않는다. 집들은 또 어떤가. 고대광실도 삼간 누옥도 다같이 정연한 성냥갑이다. 벤츠가 어느 것인지, BMW가 있는지 없는지, 자동차라는 것들은 다만 작고 작은 점 하나씩으로 시각된다. 고공에서 하감下瞰하면 사람은 아예 보이지 않는 미생물일 뿐이다.

저렇게 아름답고, 저렇게 구분이 안 되고, 저렇게 작게만 보이는 곳에서 지기 싫어 바득바득 우기고 너 죽어라 뜸베질만 하면서 지냈다는 것이 불가사의처럼 느껴졌다. 이 관광길이 그 불가사의와의 작별여행이라면 얼마나 좋으랴 싶어지자 곧바로 참괴가 엄습해 왔다. 이런 순간들이 있기에 자고로 여행은 인간성숙의 한 방편으로 꾸준히 권장되었을 것이다.

'얼음산'은 멀었다. 비행기로 4시간 만에 리오 가제고스[1] 도착, 다시 미니버스로 빠따고니아[2] 사막을 3시간이나 질주했다.

---

1) 리오 가제고스(R · o Gallegos) : 아르헨티나 남부 산따 끄루스 주의 수도.

그러나 거기도 목적지는 아니다. 호텔이 있는 마을 깔라화떼다. 1박 후, 관광버스를 타고 80킬로를 더 갔다. 그제서야 '얼음산'은 그 냉엄한 덩어리의 일부를 원객 앞에 간신히 내밀어준다. '얼음산'은 그렇게 세속을 피해 있다.

본명은 글라시아르 뻬리또 모레노(Glaciar Perito Moreno). 국립공원이며, 이미 80년대 초에 유네스코가 지정한 국제적 자연보호지역이란다. 선지식이 전혀 없던 내가 거기 가서 알게 된 사실이다.

"주 하나님 지으신 모든 세계… 주님의 권능 우주에 찼네…."

물이 연출하는 장관이 북쪽의 이과수라면, 얼음이 조성한 위용은 두말할 나위 없이 남쪽의 뻬리또 모레노다. 아무리 간 큰 무신론자라도 이 앞에서 창조주가 없다고 감히 입방아를 찧을 수는 없을 것이다. 어느새 나는 창조주를 찬양하고 있었다. 음치인 나로서는 도무지 가늠이 안 되는 일이었다. 옆에 사람들이 있었지만 조금도 쑥스럽지가 않았다.

빙하곡이라 윗면은 펑퍼짐할 것으로 짐작했다. 그런데 앞산 조망난간에서 내려다보니 마치 톱날을 겹쳐 세워놓은 듯 날카롭다. 금강산 일만 이천 봉이 꽁꽁 얼어버리면 이렇게 보이지 않을까 그려 보았다.

놀라기는 귀도 마찬가지다. 공깃돌만 한 얼음부스러기가 호

---

2) 빠따고니아(Patagonia) : 아르헨티나 남부 지방의 총칭.

수로 떨어지는 것 같은데 느닷없이 소총소리가 난다. 냉장고만 한 것은 대포소리를 시르고, 미른하늘에 웬 뇌성벽력인가 싶으면 번번이 집채 같은 덩이가 쏟아져 물보라를 일으키고 있다. 귀로 듣고 마음이 놀라는 소리, 천지가 울리고 육신이 오그라드는 소리를 들으며 나는 알 수 없는 전율에 휩싸이고 있었다.

유람선을 타고 빙벽 앞으로 다가갔다. 높은 것은 60미터나 된다는 설명이다. 이리 파이고 저리 깎이고, 뻥 뚫리고 아슬아슬 매달려 있는 형상이 그야말로 기기묘묘하다. 아내는 들뜬 음성으로 한 쌍의 남녀가 꼭 껴안은 모습이 있다며 내 옆구리를 찌른다. 나는 마침 준마의 형상에 빨려, 그 놈을 올라타고 태고를 향하여 내달리며 채찍질을 계속하는 중이었다.

얼음이 희다는 것은 일반적인 통념이다. 그러나, 태양의 각도를 좇아, 아니면 바라다보는 위치에 따라 그 빛깔을 수시로 변화시키는 빙벽은 통념의 배반을 잘도 채색하고 있다. 한 빛이로되 갈피마다 색이 다르고, 한 색깔이로되 구멍마다 빛이 다르다. 한 번 보면 옥이요, 두 번 보면 쪽이다. 옅은 인디고(indigo)로 은은하다가는 맑은 당청으로 고고하고, 파르스름에 신비가 서려 있다 싶으면 금세 묽은 보라가 끼어들어 요기를 내뿜는다. 얼음이 희기만 하다는 고정관념을 나는 거기서 완전히 깨뜨려 버렸다.

유람선 꽁무니에서 호수에 떠 있는 낙빙 덩이를 집었다가 얼른 놓았다. 차다, 시리다, 뼈가 저리다라는 말이 너무 밍밍한

형용사여서 더 적절한 낱말을 찾다 그만두었다. 사람의 표현이란 것이 일체의 본성과 엄청난 차이를 갖고 있을진대, 쥐꼬리만 한 지식으로 많이 아는 듯 떠벌리는 것은 얼마나 어리석은 교만인가.

다음 날은 라고 아르헨티노 호숫가의 인디오 동굴 유적지를 보았다. 선인들의 그림을 직접 본 감회도 컸지만, 하늘로 향한 손바닥 그림은 더욱 인상에 남았다. 신을 경외하는 영혼의 흔적이 기천 년 세월을 이기고 돌 벽에 선연히 물들어 있음은, 나의 밍근한 신앙을 깨우치는 바가 없지 않았다.

3박 4일의 일정을 마치고 공항으로 나오는 날은 바람이 몹시 불었다. 중간지점 휴게소에서 가던 때처럼 양고기로 포식하려니 기대했으나 허탕이었다. 바람 때문에 문 밖 화덕에 불을 못 지핀 듯하다.

여행은 예상 외로 큰 감동에 부딪히게도 하고, 기대에 어긋나 실망을 맛보게도 한다. 그런 의미에서 여행이 인생 여정과 다르지 않음을 또 한 번 깨달은 것이다.

헛증이 없지는 않았지만, 까삐딸[3]행 비행기에선 한 숨 곤히 잘 잤다. 얼음산의 위용이 창조주의 존재확인으로 온몸에 구석구석 채워져 있었기 때문일 것이다.

(1998)

3) 까삐딸(Capital) : 수도首都.

적당주의와 마무리 정신

옷 소매상을 하는 이들은 거의 매일 낯뜨거운 일을 겪는다고 한다.

손님이 원하는 옷을 꺼내 보이노라면 실밥이 너덜거리는 옷은 말할 것도 없고, 단추가 안 달린 옷, 밑단을 치지 않은 옷, 천에 구멍이 있고 기름때가 묻어있는 옷 등 정품이 아닌 것들이 허다하기 때문이다. 그뿐만 아니라 옷을 입어보다가 단추가 떨어지고, 가랑이나 겨드랑이가 벌어지기도 하며, 때로는 팔이 끼어 들어가지 않는 옷도 있다는 얘기다.

소매상인들을 난감하고 무안하게 만드는 이런 옷들은 모두 우리 교민들의 제품이라는 데 문제가 있다. 이와 같은 현상이 어제 오늘의 일이 아니고 보면, 한국사람은 기껏 싸구려 옷이나 만들고, 그 옷마저도 성의 없이 만든다는 인식이 고객들에게 굳어 있을지도 모를 일이다. 주로 마무리를 야무지게 해내지 못해서 나타나는 이런 결과는 한마디로 적당주의의 소산이라고 말할 수 있다.

우리나라가 세계시장을 상대로 상품을 수출하면서 경쟁력 면에서 가장 취약한 부분 중의 하나가 바로 이 마무리의 미숙이라는 것은 이미 다 아는 사실이다. 한 번만 더 살피면 하자가 발견되고, 한 번만 더 손을 대면 깨끗한 완제품이 될 것을 그렇게 하지 않으므로 불량품 판정을 받고, 반품이 되며, 신용도가 떨어져 나라의 체면도 깎이고 경제적으로 손실을 보는 경우가 얼마나 많은가 말이다.

어떤 일을 대충 해놓고도 이만하면 되었다고 스스로 인정해버리는 우리들의 이 적당주의는 왜 생겨났을까.

시간과 노력과 자본을 더 쏟으면 오히려 바보 취급당하고 생존경쟁에서 뒤지고마는 변질된 사회생리 탓인가. 눈가림으로 살아가도 줄만 있으면 쉽게 출세하고 치부하는 세상병폐가 몸에 배어있는 탓인가.

이 적당주의는 옷 분야 말고도 우리 생활 속에 고루 침투되어 있다. 정돈이 덜된 어수선한 집안 모습에서, 한 번 쓴 물건을 제자리에 놓아두지 않아 다음 번 쓸 때에 찾느라고 허둥대는 데서, 일을 끝낸 바닥의 지저분함에서, 서류나 영수증의 관리 소홀에서 우리는 마무리 정신이 죽어 있음을 쉽게 발견하게 된다.

또 있다. 우리들이 아사도[1] 구워 먹은 공원, 물고기 잡은 낚시터, 조개 캔 갯가, 결혼피로연이 끝난 음식점 등도 마무리 정신이 아름답게 피어나야 할 곳들이다.

학업을 중도에 그만두는 많은 젊은이들도 결국은 이 마무리 정신이 부족하기 때문일 것이다. 대인관계에서 약속의 불이행도, 금전거래에서 셈이 흐린 것도 모두 끝맺음이 분명치 않은 적당주의와 무관하지 않으리라.

이 적당주의를 배격하고 마무리 정신을 살리면 우리 교민사회는 우선 고급화된 양질의 옷을 생산하게 되어 부가가치를 더 높일 수 있고, 따라서 교민 위상도 높아질 것이 확실하다. 마무리가 잘 된 우리의 생활 주변은 맑고 깨끗해질 것이며 우리는 자연스럽게 문화인 대우를 받게 될 것이다.

약속의 이행과 금전거래의 정확은원만한 인간관계와 밝은 사회를 만들어줄 것이며, 끝까지 학업을 마무리한 젊은이들이 많은 우리 사회는 분명히 크게 발전할 줄 믿는다.

이 정신이 가장 값지게 나타나야 할 곳은 우리들의 인생살이 자체다. 삶의 과정에 아무리 자랑거리가 많은 사람이라도 노후의 마무리가 잘못되면 그 쌓아온 인생 전체가 오욕으로 남는 것을 우리는 역사에서 수없이 보아 왔다. 생명이 다하는 그날까지 최선을 다하며 살아가야 하는 것이야말로 우리 모두의 과제가 아닐 수 없다.

---

1) 아사도(Asado) : 숯불 갈비 구이.

마무리는 끝이면서 또 다른 시작이다. 마무리는 인정받는 최후의 관문이요, 보장받는 최초의 대문이다. 마무리는 선택이 아니요 필수다. 마무리 정신은 곧 완벽주의의 근간이며, 적당주의의 천적이다. 마무리 정신은 일류 정신이며 최고 정신이다.

이 정신은 내일 지구의 종말이 온다 하더라도 오늘 사과나무를 심겠다는 '스피노자'의 의지요, 봄 여름 애써 지은 농사를 가을에 조심스럽게 거두어들이는 농부의 마음 바로 그것이다. 그리고 용두사미를 거부하는 유종의 미의 추구다.

적당주의를 몰아내는 일은 이 마무리 정신이 살아있을 때에만 이루어질 수 있다.

(1994)

집을 짓는 사람

한낮의 햇볕은 솜이불만큼 두꺼운데, 아침저녁 공기의 감촉에선 더웁다는 느낌을 통 가질 수가 없다. 하긴 4월도 꼬리를 사리는 중이니 기러기 울어 옌다는 가을이 이민의 땅에서도 깊어가고 있음은 분명한 사실이다.

어제는 수뻬르메르까도[1]에 다녀오면서 길에 깔린 낙엽을 저벅저벅 밟아 보았다. 어차피 떨어져야 할 잎새라면, 남보다 조금 먼저 떨어진들 무슨 아쉬움이 있을 것이며, 늦게까지 달라붙어 지다위를 부린들 무슨 보람을 더 얻으랴 싶은 마음이 없지 않았다. 인간의 매사도 이와 같다는 생각을 발끝에 뿌리며 터벅터벅 집으로 돌아왔다.

가을은 흔히 수확의 계절로 표현되지만 내게는 해마다 감상

1) 수뻬르메르까도(Supermercado) : 슈퍼마켓.

적 정조情操로 불쑥 다가온다. 그 때문일 것이다. 이맘때면 턱없이 호숫가엘 가고 싶다. 코스모스 들길이 눈에 삼삼하고, 단풍잎 떠내려가는 계곡 물소리가 귓전에서 졸졸거린다. 벌판의 낙조를 바라보며 명배우 빰칠 만큼 눈물을 쏟아야 직성이 풀릴 것 같은 순간들도 자주 맞는다. "생활이 그대를 속이더라도 슬퍼하거나 노하지 말아라…."를 독백하던 서해안 제방 길은 로맨스가 섞이지 않았는데도 너무 너무 그리운 장소다.

깊은 허무와 가없는 무상이 일란성 쌍둥이처럼 감정의 갈피를 휘젓고 다닌다. 존재의미에 대한 회의, 자유와 진실을 향한 목마름, 부조리에 저항 못하는 무력감들도 종종 내 영혼을 쿡쿡 찌르는 가을의 날선 칼이다. 이런 때 60억 지구인은 하나같이 외계인일 뿐이다.

아침 나절 지난 신문을 뒤지다가 이런 나를 비웃는 듯한 짧은 칼럼을 발견했다. 감상에 빠지는 것이 너무 사치스럽다는 것을 일깨워 준 글은 〈카터와 밀짚모자〉였다. 미국의 전직 대통령 지미 카터가 밀짚모자를 쓰고 가난한 사람들을 위해 집을 지었다는 얘기다. 그것도 남의 나라 필리핀에서.

누구나 알다시피 그는 재임 중 인기가 바닥에 내려앉았던 실패한 대통령이다. 그의 이상주의는 늘 현실정치와 충돌했다. 그러나 퇴임 후에 인권운동과 국제분쟁의 중재 등으로 현역 때보다 더 분주하게 활동함으로써 이미 세인의 이목을 끈 바 있다. 사과상자에 돈을 숨겨놓고 퇴임한 우리의 전직 대통령과는 비교할 수 없는 비범한 인물이다.

그 글에서 나는 지극히 인간적인 그의 땀방울을 보았고, 그 땀에 섞여있는 숭고한 인류애의 향기를 맡았다. 명예와 나이, 지역과 계층, 인종과 종교를 뛰어넘는 그의 봉사적 삶의 광채가 응달진 내 마음의 뜨락을 환히 비추는 듯하다.

집은 가족이 공유해야 할 필연의 공간이다. 생활의 터전이고, 사랑의 보금자리이며, 안락의 보루라 말할 수 있다. 집 없는 설움이 무엇보다 크다고 이르는 것은 이 때문일 것이다. 그렇지만 내 집일지라도 손수 집을 짓기는 쉬운 일이 아니다. 더구나 사랑의 땀방울이 요구되는 봉사적 집짓기일 때, 밀짚모자를 눌러쓰고 현장으로 달려갈 사람이 과연 몇이나 될 것인가. 나로선 도무지 상상도 못할 일이다. 카터의 집짓기는 이래서 감탄의 대상이 되고도 남는다. 그는 사랑의 도편수다.

한 발 물러서서 집은 우선 경제력이 따라야 지을 수 있다고 치부해 두자. 타인의 마음을 훈훈하게 만드는 말 한 마디조차 인색한 세태는 그럼 어떤 말로 변명이 가능할까. 사랑이 머물 마음의 집을 남에게 지어주기는커녕, 자기 속에도 짓지 못함으로써 너나없이 방황하며 갈등한다고 볼 수밖에 없는 삭막한 세상이 되었으니 얼마나 서글픈 일인가.

성경 창세기에는 '돕는 배필'의 얘기가 나온다. 여성의 의무를 강조할 때 흔히 인용되는 내용이다. 하필 여성에게만 국한시켜 그 뜻을 축소시킬 필요는 없을 것 같다. 우리 모두가 돕는 자의 임무를 띠고 세상에 태어났다는 것을 지미 카터가 몸소 보여주고 있지 않은가.

집을 짓는 노익장의 사나이 지미 카터를 만났으니 비록 구조물로서의 집은 못 지을망정, 다른 이의 마음속에 사랑의 집을 지어주는 일까지도 못하겠다 방패막이 하기는 이제 무척 주저롭게 된 듯하다.

감정의 소모만 일삼는 소녀적 취향도 카터의 밀짚모자로 덮어버리고 싶다.

(1999)

청순한 신앙을 그리며

내가 자주 다니는 길목에 이제는 이국 정취의 풍물 목록에서 제외된 지 오래된 굵은 고무나무 한 그루가 서 있다. 봄이라고는 하지만 아직도 냉기가 감도는 9월 초순의 어느 날 아침, 그 고무나무에 치이어 잘 보이지도 않던 이름 모를 관목이 마디마디에 연두색 물방울을 달고 있었다.

자세히 보니 그것은 놀랍게도 비를 맞고 하룻밤 사이에 돋아난 새움이었다. 만지려는 시늉만 내도 아프다고 신음하며 다시 가느다란 가지 속으로 숨어버릴 것만 같은 야들야들한 새움을 보는 순간, 나는 그 연초록 기운이 눈으로 옮겨와 침침함을 말끔히 씻어주고는 몸속 구석구석으로 재빨리 번져가는 간지러운 느낌을 맛보았다.

에멜무지로 냄새를 맡으려 코를 댄다면, 코끝이 바로 초록

색으로 물들 것만 같고, 장난삼아 숨소리를 들으려 귀를 댄다면 초록색 수액이 졸졸거리며 귓속으로 흘러들 것만 같은 착각도 들었다.

바쁜 나의 발걸음을 멈추게 하고 둔한 나의 마음을 흥분시키는 이 작은 관목에 새싹이 돋아나기 전까지 긴 겨울 내내 그 길목은 오로지 고무나무의 영역이었다. 그러나 지금 그 언저리에는 큰 고무나무보다는 작은 관목이 더욱 돋보인다. 관목의 앙증스러운 움들로 인하여 고무나무 주위는 자못 영롱한 봄빛에 싸여 있다.

이제 제멋대로 뻗은 고무나무 가지는 너무 고집스러워 보이고, 두껍고 넓은 잎새는 너무 욕심스러워 보인다. 그리고 푸르다 못해 칙칙해 보이는 전체적 색감은 너무 의뭉스럽다.

요 며칠, 나는 이 두 나무 곁을 지날 때마다 나의 신앙모습이 대비되어 속이 뜨끔하곤 했다. 신앙의 생동감은 사라지고 그저 교인이라는 이름으로 버티고 서 있는 꼴이 고무나무를 잘도 닮았다는 자책 때문이다.

나는 연륜이 쌓일수록 더욱 뻔뻔하고 유들유들해지는 나의 고무나무와 같은 신앙을 부끄러워한다. 새움을 틔워서 보는 이에게 생기를 넣어주는 저 키 작은 관목을 닮지 못한 나의 신앙이 수치스럽다. 그러면서도 몸부림치는 신앙적 고뇌가 따르지 않음은 못내 민망한 일이 아닐 수 없다.

오늘은 기온이 많이 오르고 있다. 관목의 순들은 어느새 잎새 모양을 갖추어 봄바람에 한들거린다. 마치 지나가는 나를 향해 청순한 제 모습을 닮으라고 속삭이는 것처럼. 아니 그렇게 들려오는 세미한 음성이 있다.

> "돌이켜 어린아이들과 같이 되지 아니하면 결단코 천국에 들어가지 못하리라." (마 18:3)

(1995)

카멜레온

주일 아침 열시. 나는 어김없이 거울 앞에 선다. 깃이 좁은 구형 와이셔츠를 입고, 거기에다 유행 지난 문양의 넥타이를 맨다.

이 순간이면 거울에는 으레 어설픈 문화인이 그려지고, 그 그림에서는 추억의 자화상이 비쳐 나온다. 아침마다 갈아입는 보송보송한 와이셔츠 감촉에서, 낯선 피서지의 식전 갯바람을 맛보며, 계절과 일기에 어울리는 넥타이를 깐깐하게 골라 매던 지난날의 모습이 어른거린다.

그걸 욱지르듯 얼른 양복을 걸친다. 왠지 남의 옷을 빌려 입는 기분이다. 이번에는 성경을 집어든다. 서먹서먹한 감촉이 손아귀에 설다. 나는 구두를 꺼내 먼지를 닦아 신고 대문을 나선다.

잠바에 운동화 차림으로 행여 돈 보따리라도 주울까 고개를 숙이고 엿새를 휘돌던 한 옹춘마니 상인이, 이레 만에 드디어 성도의 형상으로 탈바꿈되는 찰나다. 나의 와이셔츠와 넥타이와 양복과 구두, 그리고 성경은 너무 완벽한 변장도구다. 나는 한 마리의 카멜레온이 되어 어슬렁어슬렁 교회로 향한다.

월요일부터 토요일까지는 싸움의 연속이었다. 더 팔기 위하여, 더 갖기 위하여 싸우고 또 싸웠다. 짜증, 신경질, 눈흘김, 찡그림은 여북 많았던가. 웬만한 안면이면 인사도 생략했다. 유·불리와 득실을 먼저 계산하고 얼굴을 내밀었다. 받은 것은 쉽게 잊고, 준 것만 챙겼다. 칭찬은 접어두고, 험담에만 나발을 불었다.

교회까지는 열 꽈드라[1]가 채 안 되는데도 까마득히 멀다. '메마른 땅을 종일 걸어가도 나 피곤치 않다.'고 찬송을 부르며 이보다 더 먼 길도 축지하듯 단숨에 달려가던 시절이 내게 있었다는 사실은 남의 간증처럼 가물가물하다.

그래도, 교회는 점점 가까워진다. 어느새 나의 안면 근육은 하회탈을 닮는다. 교회까지의 남은 거리와 역비례하여 얼굴 해빙의 면적은 자꾸 넓어진다. 걸음걸이는 더욱 점잖아지고 입성의 매무새는 다시 점검된다. 이때쯤이면 옆구리의 성경은 좀더 힘을 받는다.

환한 얼굴들이 줄지어 서 있는 교회 정문을 들어선다. "집사님 안녕하십니까?" 장로님이 덥석 손을 잡는다. 여기저기서 다

---

1) 꽈드라(Cuadra) : 거리의 구획. 1꽈드라는 100m.

투어 손이 나온다. 미소는 바람 일고 목례는 물결친다.

한 주일 동안 와이셔츠를 벗듯 그리스도를 벗고, 넥타이를 풀 듯 성도임을 풀었던 내가 시치미를 떼고 근엄한 외양을 과시하며 돌아온 것을 비웃는 이는 아무도 없다. 옷장에 양복을, 신장에 구두를 넣어 두었듯 직분을 고스란히 보관했던 내가 염치없이 집사의 호칭을 들으며 다시 나타난 것을 탓하는 이도 보이지 않는다. 나는 누구도 의심치 않는 버젓한 성도로, 그리고 당당한 집사의 자격으로 교우들 속에 유유히 파묻힌다.

그러나 카멜레온. 아, 어리석은 카멜레온. 원색과 변색을 능히 감별하시는 분의 눈동자를 깨닫지 못하는 가엾은 카멜레온아!

(1995)

패자부활전의 선수들

운동경기 가운데 일부 종목에는 '패자부활전'이라는 경기방식이 있다. 초반에 한 번 패배한 선수들끼리 다시 한 번 싸울 수 있는 기회를 줌으로써 제대로 실력을 발휘해 보지도 못하고 탈락하는 선수를 구제하기 위한 방법이다.

이 패자부활전에 나온 선수는 남다른 도전의식을 갖고 있다. 패배의 쓰라린 경험을 만회하기 위하여, 그리고 완전 탈락이라는 불명예를 쓰지 않기 위해서다.

그들은 여력을 남길 필요가 없다. 미지막 기회이므로 악착같은 도전만 있을 뿐이다. 그러나 패자부활 전에 나온 선수들에게는 자신의 실력 부족으로 인한 초전 패배의 인정을 꺼려하고 으레 운이 나빴다는 데다 패인을 전가시키려 드는 공통점이 있다.

때로는 싸움에 이기고도 판정에 졌다는 억울함을 토로하기도 한다. 그들은 자칫 반칙을 범하기 쉽다. 그것은 또 패배해서는 재기불능이라는 강박관념과 어떻게 해서든지 이겨야 한다는 욕망이 이성을 앞서기 때문이다.

그들은 자기관리에 무리를 저지르기도 한다. 사생결단의 임전태세가 경기를 승리로 이끌 수는 있으나, 그 결과 몸을 망치고 만다는 사실을 망각한다. 경기는 이기고도 건강은 해치며, 메달은 소유하나 삶을 잃는 경우는 그래서 생겨난다. 이런 특성을 지니고 있는 패자부활전의 선수가 곧 이민자인 우리들과 같다고 한다면 지나친 억지일까.

새로운 기회를 맞아 불굴의 도전의식을 갖고 승리를 위한 최선의 노력을 경주한다는 긍정적인 측면에서 뿐 아니라, 운이 없어졌다는 생각으로 억울함을 버리지 못하며, 반칙을 해서라도 이기려 들고, 자기 관리를 소홀히 한다는 부정적인 측면에서도 패자부활전의 선수와 우리들은 닮은꼴이다.

물론 우리들 중에는 이 범주에 들지 않는 이들도 있다. 부정적인 측면을 완강히 거부하는 모범적인 이들이 있는가 하면, 고국에서 성공한 그 연장선상에서 이민을 개척하는 이도 있고, 오로지 자녀들 교육을 위해 이민을 택한 이도 있으며, 풍족한 재력으로 여유 있는 외국생활을 동경하여 와 있는 이도 없지 않다.

그러나 한국이라는 본 경기장에서 승승장구하지 못하고, 이곳 아르헨티나에서 재기의 몸부림을 치며 꼭 성공해 보려고 안간힘을 쓰는 대다수의 우리들이 패자부활전의 선수가 아니라고 우겨댈 수 없는 것은 자조감自嘲感이 있으나 어쩔 수 없는 실상이다.

우리는 한국에서 정말 운이 없었는지도 모른다. 대진 운도 나빴고, 심판판정은 편파적이었으며, 규칙 적용이 우리에게만 유독 엄격했는지도 모른다. 우리는 모두 순진한 선수들이었고, 경쟁자들은 유난히 지능적 반칙의 명수였는지도 모른다. 그렇다 하더라도 우리는 이미 그 경기를 끝낸 사람들이다.

우리와 경쟁했던 많은 이들은 그냥 고국에 남아 있고, 우리는 지금 여기에서 이민자란 이름으로 타국살이를 하고 있다. 이것이 엄연한 현실임을 수긍하는 용기야말로 늠름한 재도전자의 용기다.

이민자라는 재도전자에게는 다시 싸우는 경기장이 어디인가를 바로 인식하는 현명함이 필요하다. 여기는 아르헨티나다. 홈그라운드의 이점이나 동족의 애정어린 응원이 없음도 알아야 하고, 여기의 경기규칙과 이곳 관중의 정서도 필히 터득해야 한다.

운동선수에게 요구되는 가장 아름다운 덕목이 페어플레이라면, 이민자의 덕목도 그것이어야 한다. 규칙을 잘 지키고, 심판에 순응하며, 관중을 의식하는 경기자의 자세를 우리는 그대로 따라야 한다.

우리는 내 나라를 떠나왔다는 것으로는 불행하다 하겠으나, 재도전의 땅에 당당히 서 있다는 사실만으로도 큰 복을 잡은 사람들이다.

이민을 결행한 그 용단은 우리가 범상치 않은 사람들임을 잘 말해준다. 우리는 더 높고, 더 넓고, 더 먼 곳을 바라보는 고차원의 도전자들이다.

우리는 큰 경기장 체질을 타고났다. 고국에서는 운신의 폭이 너무 좁았다. 작은 링에서 밀린 대가를 넓은 운동장에서 보상받기 위해 숙명적으로 이곳에 보내진 선택받은 백성들이다. 이것은 우리의 믿음이다.

우리에게는 훈련과 실전의 경험이 있다. 울분도 있고 오기도 있다. 꿈도 있고 야성도 있다. 또 성취욕도 있고 자신감도 있다. 여기에 선전善戰만 보태지면 금상첨화다. 그때 비로소 우리는 무명의 초라한 선수에서 일약 세계적인 스타가 되는 것이다.

패자부활전의 선수들에게 천우신조여 있으라!

(1994)

현대수필가 100인선 · 37
최 운 수필선

바람 부는 날의 산조

초판인쇄 | 2009년 4월 5일
초판발행 | 2009년 4월 10일

지은이 | 최 운
펴낸이 | 서 정 환
펴낸곳 | 좋은수필사

주 소 | 서울시 종로구 익선동 30-6
운현신화타워 빌딩 3층 305호
전 화 | 02)3675-5635, 063)275-4000
등 록 | 1984년 8월 17일 제28호
홈페이지 | http://www.shin-a.co.kr
e-mail | essay321@hanmail.net

값 7,000원

ISBN 978-89-5925-306-7 04810
ISBN 978-89-5925-247-3 (전 100권)